御社の「売り」を見つけなさい!

まえがき　「行列のできる相談所」へようこそ

北に富士山を望む静岡県富士市に、その施設はあります。富士市立中央図書館に併設された富士市産業支援センター（通称ｆ‐Ｂｉｚ／エフビズ）は、無料で企業の経営相談に応じる公的機関です。

決して大きな施設ではありません。むしろささやかと言ってもいいでしょう。しかしドアを開ければ、この施設が「普通」ではないことがわかります。

壁一面にびっしりと、これまでｆ‐Ｂｉｚで手掛けた案件の記事が貼り出されています。ｆ‐Ｂｉｚで相談に乗り、新製品を生み出したり、新事業を立ち上げたりした相談者の方々が、笑顔でメディアに取り上げられています。

街の自転車屋さんの話だったり、古くから営業していた洋服屋のおじさんの話だったり、元消防士さんが起業した話だったり、同じエリアに住むごく身近な人たちがメディアに登場しています。相談に来られた方は、「あれ、この人って、駅前の○○さんだよね」「それなら、もしかして自分にもできるかもしれない」「チャレンジしてみよう」と、身近なイノベーターたちのチャレンジする姿に励まされます。

私の企業支援家人生は、静岡銀行在籍時の２００１年に静岡県の創業支援施設「ＳＯＨＯしずおか」へ出向したことから始まりました。

出向期間は2年。何が何でも結果を出そう、それも、誰もが認めるような圧倒的な結果を出して銀行へ凱旋してやれと私は奮起しました。その結果、この仕事の面白さややりがいに魅了されてしまい、さらにこの仕事を続けることになりました。

出向から4年後の２００５年には、起業家の創出と地域産業活性化に向けた支援活動が評価され、「Japan Venture Awards(ジャパンベンチャーアワード)」(主催：中小企業庁)経済産業大臣表彰を受賞。銀行に戻り活躍することよりむしろ、心のよりどころはいつしか、「創業支援の成功モデルを作る」ことに変わっていきました。

２００８年、故郷の静岡県富士市からの強い要請を受け、ついに私は銀行を退職し、企業支援のプロとして歩き始めることを決意します。自らが会社（株式会社イドム）を立ち上げ、富士市産業支援センターの運営を受託、センター長に就任したのでした。

当時はまだ、公的中小企業支援においての成功モデルはありませんでした。私は、この分野で明確で圧倒的な成功モデルを作ろうという理想を描き、これまでに約6000社の中小企業支援に携わり、1400件以上の新規ビジネスの立ち上げを手掛けてきました。f-Bizにおいては、つい先日の2018年5月28日、累計の来場相談件数が3万件に達しました。

驚くほど多数の成功事例が生まれ、今やf-Bizは「行列のできる相談所」とまで言われています。

寄せられる相談で一番多いのは「売上増」に関することです。全相談件数のうち9割にものぼり、f-Bizでは、そのうち新商品・新サービス開発、新分野進出において、7割以上で売上アップの実績を挙げています。

売上を上げるためには、3つの方向性しかありません。「販路の拡大」と「新商品の開発」、「新分野進出」です。

ただしこれらは、その企業の「売り」が明確でなければ進めようがないと考えています。そのため私どもでは、サポートを行う中でまず、「この会社のここってスゴイよね?」という、「光る部分」「強み」を見つけ出すことに力を注いでいます。

相談に来られる方の中には、「うちには強みなんてない」「他とさほど変わらない」という方も少なくないのですが、どのような企業にも必ずそれは存在しています。これは、企業支援家として今日までやってきた経験上から断言できることです。「どんな会社にも光る部分は必ずある」という信念で私どもは相談者に向き合っています。

世の中は、売上や利益、従業員数や保有資産等々、表面の数字だけを見てその企業の価値を測ることが多いものです。しかし、企業の真価とは、その企業ならではの「強み」の中にこそあります。それをいかにして見出すか、そして「セールスポイント」として磨いていくかが肝要なのです。

以前はよく「小出さんだから（上手く）できるのだ」と言われたのですが、私どものノウハウを用いた支援センター「ご当地ビズ」が、今、全国の自治体へ急速に波及し、成果を上げています。

各地に広がる「ご当地ビズ」は、２０１８年8月時点で19ヵ所にのぼり、２０１８年度中にはさらに２ヵ所増える予定です。

もちろん、各ビズのセンター長にはビジネスセンスの高い人材を選定しています。ですが、センター始動の前には必ず、ｆ－Ｂｉｚにおいて３ヵ月にわたる研修を行っています。

つまり、私がこれから本書で紹介しようとしているのは、全国どこでも、誰にでも再現性のある「会社の業績や収益がアップする方法」に他なりません。全国に波及する「ご当地ビズ」のセンター長らに伝授したスキルを一般にも広く公開するものです。

「小さき者が最強」になるために必要なことを、過去の支援成功事例から具体的にひもといていきます。

全国の中小企業の経営者、起業家、これから起業を志す方々へ、輝く未来への足掛かりとなることを心から願い書き進めていきたいと思います。

小出宗昭

目次

第2章 「オンリーワン」の活かし方

第3章 自分だけでやらなくていい

第4章 お金をかけずにPRする方法

第5章 ひらめきを生むトレーニング法

第1章

御社にも「オンリーワン」が必ずある

社長は意外と気付いていない自社の本当にすごい点

私が企業支援で最も力を注いでいることは、その会社の唯一無二の「セールスポイント」を探し出すことです。

どんな会社でも「オンリーワン」の長所が必ずあるはずです。しかし中小企業の経営者と話をすると、たいてい皆さん「うちの会社は何もない」とおっしゃいます。

社内にいるとどうしても距離が近すぎて、自分の会社が客観的に捉えづらいものです。いわゆる「常識」に縛られて見えづらくなっているのでしょう。

創業何十年の実績を持つ経営者でも、年商１００億円規模の企業の経営者であっても、これは同様で、多くの経営者が真のセールスポイントをつかめていないように見受けられます。

真のセールスポイントとは、他では見られない「光る部分」です。これが、埋もれた原石のごとく磨きをかけることで輝きを放ち、他の追随を許さないゆるぎないセールスポイントとなるのです。

では、この埋もれた真のセールスポイントを見つけるにはどうしたらいいのでしょう？　それにはまず、「普通は○○である」「一般的には○○だ」といった常識や思い込みを一切捨てることが必要です。

現在の主力商品にとらわれすぎていて、本当の「光る部分」を見逃しているケースが少なくありません。

プレス用金型メーカー「株式会社増田鉄工所」さん（富士市）の事例です。同社は、通常なら一つひとつの部品を製作し、組み立て、製造する金型を、「一体構造で加工する」という画期的な技術を開発したものの、売れ行きが伸びず悩んでいました。

話を伺っていて気付いたのは、単にそれを技術性の高い金型として売ろうとしているから売れないのではないかということでした。

そこで、金型という「モノ」を売るのではなく、この金型がもたらす効果をクローズアップし、お客様の抱える課題を解決する「ソリューションビジネス」として売り出してみてはどうかと提案しました。

こうして誕生したのが、「金型革命５ダウン《ファイブ》」というサービスです。「加工面数減」「部品点数減」「購入品数減」「原価管理減」「経理処理数減」という5つのポイントから、「品質アップ」「短納期」「コストダウン」というメリットが得られるというものです。この商品名でチラシを作成し、取引先に新サービスとしてPRしたところ、ひとつ500万円もの金型が半年間で50件程の契約を得ることができました。

さらに、誰もが気付いていなかった同社の光る部分は、この後に続く新たな商品開発の際に現れました。

ヒアリングを進めていく中で、金型というのは、不具合が発生して初めて整備を行うのが当たり前で、定期的にメンテナンスを行っているところは少ないことがわかりました。しかし、同社は納入先に対して定期的なメンテナンスを行っていること、また、それにより大きな損害を未然に防ぐことができた実例があったこともわかりました。

取引先からは大変感謝され、ぜひ他の金型もみて欲しいと言われたそうです。

これこそ同社の最大の強みであると、読者の皆様も気付かれたのではないでしょうか。しかし、同社では通常業務という認識でいて、スゴイことだとはまったく思ってもいない様子でした。

私どもの提案を受け、同社はこれを「金型ドック Best コンディション」というサービス名で展開。チラシを作ってダイレクトメールで全国の自動車部品関連工場等に送ると、すぐに応じきれないほどの問い合わせが入りました。

大手自動車関連企業のトップが自ら同社を訪れ、新規の大型案件を発注するという想定外の事態にもなりました。

このように、当人たちにとっては何気なく行っている日常的な仕事の中に、思わぬ宝物が眠っているものです。

個人の場合でも同様です。

札幌で整体のチェーン店を経営する柔道整復師の方から、規模拡大について相談を受けたことがあります。話を聞いたところ、以前この方は、東京のある治療院に腕を見込まれて招かれ、自由診療で今より時間単価が10倍以上もの報酬を得て施術をしていたことがわかりました。

彼の治療を受けるため、全国からその治療院に人がやってきていたという、いわゆる〝カリスマ〟柔道整復師だったのです。

しかし、当人にはその意識はまったくなく、現在は自由診療ではない一般的な施術のみで、今後もその路線でやっていこうとしていました。

それだけの腕と実績を持っているのであれば、自由診療にこだわって展開していくべきでしょう。私は、治療院というより、富裕層をターゲットにした「サロン」として展開してみてはどうかと提案しました。

この相談者の場合も、最初は半信半疑の様子でしたが、どれだけスゴイことなのかを客観的に説いていったところ、「なるほど、そうかもしれない」と、やっと納得してもらえました。

不思議なことではありますが、このように、当人たちには自分の光る部分が見えていないことが往々にしてあるのです。

自社の光る部分が見つかる「他社の光る部分探し」

「幸せの青い鳥」ではありませんが、自社の光る部分を見つけるのは意外と難しいのかもしれません。

その点、他人のことは逆によく見えるものです。ウイークポイントもよく見えますが、光る部分にもやはり目がいってしまい、時には羨ましくなったり、劣等感を覚えたりということさえあります。

じつは、自社の「売り」となるオンリーワンの部分を探すためには、この目線が有効です。

いきなり自社の光る部分を探そうとしても、距離が近すぎたり、あるいは、いつも同じ方向から見ているため、全体が見えなくなっています。

そこでまずは、他社の観察を繰り返してみるわけです。何社か観察していると、だんだん感覚的につかめてくるものがあるはずです。

身近な会社や身近な経営者の方と相対することがあったら、「このお店の本当のセールスポイントってなんだろうな？」という目線で、他社のセールスポイントを探してみてください。

さほど難しく考えることはありません。他社のことについては、第三者目線、リアルなお客様の目線で３６０度自在に見渡すことができるので、案外すんなりと見つけられるものです。

また、それが身近な人であれば、そこでディスカッションしてみることをおすすめします。自分が気付いた相手の光る部分について述べた際、それを聞いた相手が、「なるほど、言われてみたらスゴイことなのかもしれないね」などと腑に落ちていたとしたら、それは光る部分を探し出し、正しく評価できているということです。

つまり、相手の様子（納得しているかどうか）で、あなたの考えた切り口や見方が当たっているかどうかが確認できるわけです。

観察する相手は同業種でなくてもかまいません。違う業種を見てもOKです。むしろ、同業種だと業界の常識に縛られていて見えなくなっている部分もあるので、たとえば、パン屋さんならカレー屋さんを見るとか、カレー屋さんならエステサロンを見るといったことをしてみると、思いもよらぬ大発見があるかもしれません。

巷ではよく異業種交流会が行なわれていますが、そうした機会を活用してみるのもひとつです。

単なる名刺交換会で終わらせることなく、「あなたの会社ってどんな感じ？　ちょっと聞かせてもらえませんか」と、光る部分を見つけるヒアリングの機会にするのです。その場で知り合いになって後日そのお店に光る部分を探しに行くのもよいでしょう。

このように何件か相手の光る部分探しを繰り返していって、何となく感覚がわかってきたら、つまり、３６０度自在に見渡せる目が育ってきたら、自分の会社を客観的に見てみましょう。

もちろん、そのときには「自分が客だったらどうするか？」という、お客様目線を忘れてはいけません。

ニッチ市場でのオンリーワンを目指せ

これまで多くの企業、起業家の方々の相談にあたってきて、成功する人や組織には３つの共通点があることがわかりました。

それはまず、「オンリーワンである」こと。それから「継続する情熱がある」こと。そして「行動力がある」ということです。

これらはどれかひとつ欠けても上手くいきません。とりわけ、推進力の源とも言える「オンリーワン」を見つけることができなければ、情熱や行動力も乏しいものになりかねません。

まずはオンリーワンを見つけること。強みや売り、個性といったキラリと光る部分を発見することが出発点なのです。

ここで私が想定するオンリーワンとは、「業界初」「世界初」といった特別にレベルの高いものではありません。「特徴がある」「ありそうでなかった付加価値」というぐらいのものでもいいのです。

その業界におけるある分野での、いわば「ニッチなるオンリーワン」も立派なオンリーワンです。

この要素を持つビジネスは、一般に知られるスピードが速く、メディアの対応も違ってきます。

「オンリーワン戦略」そのものは特に目新しい戦略ではありません。以前から言われていることです。しかし私がその威力を身をもって体験し、ゆるぎない確信を持てるようになったのは、じつは、２００３年に「スポーツ弁当」のプロジェクトで成果を上げてからのことでした。

このプロジェクトは、「ＳＯＨＯしずおか」で働いていた当時、女性を対象にした「ＳＯＨＯランチ」というセミナーに、こばたてるみさん（現・株式会社しょくスポーツ代表取締役）という公認スポーツ栄養士の方がたまたま参加してくれたことがきっかけで生まれたものです。

公認スポーツ栄養士とは、専門職の中でも滅多にお会いできないスペシャリストです。そのような逸材が静岡にいたことに驚いたと同時に、そのオンリーワン要素を活かすことで、きっと何か素晴らしいことができるに違いないと思いました。

それで誕生したのが、おそらく日本初のアスリート向け本格的「スポーツ弁当」です。当時はスポーツ選手向けの食品といえば数えるほどしかなく、その珍しさから、開発段階からメディアもこぞって記事として取り上げてくれました。

それにより知名度も高まり、２００３年に開催された静岡国体においては、期間中の10日間に3万食が完売という大ヒット商品になったのです。

さらに同年、彼女は一般社団法人静岡ニュービジネス協議会が開催する「静岡県ニュービジネス大賞」において見事大賞に輝きました。個人が受賞するというのはこれが初めてのことだったようです。

中小企業、小規模事業者が生き残るためにはオリジナリティが大事だとは思っていたのですが、この一件によってそのことに確信が持てるようになりました。企業支援に携わる者としての大きな自信にもなりました。

この頃から、私はたびたび講演会やセミナー講師の仕事を依頼されるようになりました。そのときから今に至るまで常に述べているのが、先述した成功の3要素、「オンリーワンである」こと、「継続する情熱がある」こと、「行動力がある」ことです。じつはこれは、既存の企業が新たに事業を立ち上げたり、新商品の開発・展開をする場合においても必要なことです。

中でもオンリーワンは絶対的な強みとなります。f-Bizにおける支援においても、この部分をまずは確実に探し当てることに力を注いでいます。

ただし、それは、「業界初」「世界初」といった極めて特別なものである必要はありません。じつはオンリーワンとは、どんな企業や人の中にもすでに存在しているものなのです。

通常業務外の「ちょっと変わった依頼」を洗い出す

オンリーワンを探し出すために、私どもでは、「どんな人、事業、会社にもセールスポイントがある」という前提のもと、相談者の話にとことん耳を傾けます。

もちろん、そうしてヒアリングを重ねていってもすぐには見つけられないこともあります。

このようなときには、次回の相談日までに、「通常業務以外で依頼された仕事、これまで依頼された仕事で変わった仕事、ユニークな仕事はなかったか」を思い出してもらい、すべてメモしてきてもらうようにお願いします。

じつはこれは、章末でも紹介する、金属試作品等の製造・加工を行なう「株式会社 司《つかさ》技研《ぎけん》」さん（富士市）の相談にあたっていて気付いたやり方です。

同社社長が時おり知人に頼まれ、製造中止で手に入らなくなったクラシックカーの部品を作ってあげているという話を聞き、それを「売り」にしたことで新市場を獲得できたことがあります。そのときに気付いたことです。

本業とは違うイレギュラーな仕事をしたことがあるとしたら、それが御社の「売り」であり、オンリーワンの要素を持つ可能性が高いと言えるのです。

というのも、主たる業務はこれだとわかっているにもかかわらず、お客様は御社を選んで依頼してきているわけですから、よほど何か切羽詰まっている状況に違いありません。

しかも、わざわざ御社を探しあててきているわけですから、おそらく他ではできない仕事だと推測されます。

一見、自分たちにとっては通常業務外の面倒な仕事のように思えて、そのじつ、それこそが他には真似できないオリジナリティあふれる、つまり、オンリーワン要素であると考えられます。

このように、既存の技術やサービス・商品の中に、新市場開拓のチャンスが眠っていることが少なくありません。

ゼロから新たに商品を開発することは中小企業にとってはハードルが高いものですが、これなら負担はほとんどありません。

ちなみに、司技研の社長は後に、「私どものような金属部品の切削《せっさく》加工会社で、およそクラシックカーのメンテナンス部品作りをサービス化しようなどと気付くところはありませんよ」と、おっしゃっていました。やはりここにも、業界のセオリーに縛られて見えなくなっている視点というものがあったのです。

自分たちがふだん当たり前だと思っていること、日常の一部になっていることの中に、思いがけず、魅力や希少性といった、外部の人から見たらキラリと光るものがあるのです。

思いつく限り、これまでに頼まれたちょっと変わった仕事、ユニークな依頼はなかったか、書き出してみましょう。

そうした部分は、ＰＲして広く知られるようにするなど、少しテコ入れするだけで御社の流れを大きく変えてくれる可能性が高いと言えます。なぜなら、そうしたイレギュラーな依頼は、御社だから対応できること、いや、御社にしかできないことだからです。

あなたの「年表」を書いてみよう

過去の足跡から思わぬオンリーワンが見つかることもあります。

「飯野明宏税理士公認会計士事務所」（富士市）の飯野さんのケースです。開業して２ヵ月程たったのにクライアントが２件しかないというピンチで、本人もさることながら、ご家族も大変心配し、一緒に相談に来られました。

慶応義塾大学理工学部卒業後、早稲田大学大学院会計研究科に進みＭＢＡも取得、在学中から大手監査法人に就職。長男ということで、最終的には地元に帰って税理士事務所を開こうと考え、資産税に強い税理士事務所と、さらにもう一軒の事務所に就職して修業を積み、万全な準備をして37才でついに開業しました。

持参の会社案内も見せてもらいましたが、とても丁寧に作り込まれていました。それをご家族も手伝って皆で一生懸命に新規設立法人へ郵送したそうです。しかしいっこうにクライアントが増えず、相談に訪れたのです。

いつものように、「あなたのセールスポイントって何ですか？　一番自信のあるものは何？」と質問すると、「資産税です」と返ってきました。「資産税のことを一生懸命勉強したので、とても自信があります」と言うのです。

たしかに、２０１５年に相続税が変わったため、資産税対策に強いというのはセールスポイントになりえるのですが、これを聞いた瞬間に思ったのは、「資産税に自信があるという税理士はいっぱいいるよな」ということでした。

新規開業の税理士が地方で一からやっていくためには、これでは少し弱いと感じたのです。他も色々と聞いてみました。しかし、これというものが見つかりません。本人はすっかり自信をなくして縮こまっている状態です。

そこで、次回の相談日に来てもらうまでに「宿題」を出すことにしました。

「あなたの年表を書いてきてください。履歴書ではなくて年表ですよ。中学時代にまで遡って、どんなクラブにいてどんなことをやっていたのか、そういうところまで、できるだけ詳しく書いてきてください」

そう言って、その日は終了しました。

それが趣味であれ何であれ、年表の中から本人の強みになる部分があぶりだされてくるのではないかと考えたのです。

2週間後、彼が書いてきた年表を見て驚きました。できるだけ詳しく書いてきて欲しいとは言ったのですが、その年表の詳細さは想像以上でした。

高校は地元のトップ校に進学……は誰もが書くことですが、高校2年で初めて恋愛をしたことや、それにより勉強が手につかなくなって偏差値が急落したこと……そのときの偏差値の数字まで書いてありました。

その年表からは、仕事にかける熱意や緻密さはもちろん、真面目で誠実な人柄まで見えてくる思いがしました。素晴らしい資質を持った本当に有能な税理士・公認会計士であることを確信しながら読み進めていたところ、思わぬ一文が目に飛び込んできました。

「仮想通貨」についての論文を書いていたことがわかったのです。

当時、投機の対象としていわばバイアスがかかった形でメディアからは伝えられていた仮想通貨ですが、為替や決済等の世界において、とてつもない影響を及ぼすものであり、誰もが注目せざるを得なくなるものであることは明らかでした。これこそが彼の最大の強みだと気付いたのです。

では、この部分を活かすにはどうするか？

仮想通貨とは何か、その仕組みを知りたがっている人はたくさんいるはずだと予想できたので、仮想通貨のことを理論的にきちんと説明しているセミナーというものがあるのかを調べてみました。すると、当時はまだほぼ見当たらなかった。だから、まずはセミナー開催で行こうと決めました。

第一にターゲットにしたのは銀行の支店長たちでした。私は元銀行員だから知っているのですが、銀行支店長のもとには、税理士を紹介してくださいという依頼が少なくありません。つまり、セミナーの開催により銀行経由でのクライアント獲得につながる可能性があると考えたわけです。

一方の銀行にしても、仮想通貨が台頭すれば自分たちの領域が一挙に侵蝕されてしまう可能性があることから、相当な不安を抱えているはずです。仮想通貨についての情報は彼らにとってじつに価値の高いものに違いありません。

すぐに地元の信用金庫の理事長に連絡を取りました。仮想通貨セミナーの開催を考えていることを告げると、「ぜひ参加させて欲しい」と、即答でした。

結果的に、地元の銀行の全支店長が参加して下さり、セミナーは双方にとって実り多きものとなりました。

通常、新顔の税理士が銀行に挨拶に行ったとしても、名刺交換程度で終わってしまうものですが、彼の場合はそうではありません。いまや支店長たちにとって彼は、先端の金融システムに詳しい「先生」なのです。当然、クライアントも紹介しやすくなりますし、現実的に仕事も軌道に乗り出しました。

初めてｆ‐Ｂｉｚに相談に来られたときにはすっかり自信をなくして縮こまっていた彼が、今では最新の事務所通信を持って定期的に銀行に営業に出向くなど、本領を発揮して意気揚々と活躍しています。地元の民放情報番組にコメンテーターとして出演も果たすなど、今後の活躍がさらに期待されます。

彼の場合は忘れかけていた過去の「論文」にキラリと光るものがあったわけですが、このように、できるだけ詳しく年表を書いてみると、思わぬお宝をマイニング（採掘）できることもあります。

あなたの「趣味」もオンリーワンにつながる

ｆ‐Ｂｉｚには、珍しいスキルを持った方など、じつに多種多様なキャリア・スキルを持つ方々が相談に訪れます。

「よねち」こと米山栞合《しおり》さんもその一人で、彼女は地元にある短大の音楽科を卒業したばかりで、「オーボエ演奏家として独立したい」と言って相談に来られました。

通常、音大卒だと、演奏家になるか教員や音楽教室講師の道に進むことが考えられます。ですが、それで生計を立てていけるレベルを目指すとなると、なかなか厳しいというのが現実でしょう。

それでも私どもでは、否定や指摘を絶対にせず相談者の話にとことん耳を傾け、その中から強みを発見していきます。一見、難題のようにも思える案件ですが、やり方は変わりません。

何度目かの相談の際、対応していたアドバイザーが、彼女にとてもユニークな趣味があることを見つけ出しました。中学生の頃からアニメの登場人物にふんするコスプレを楽しんでいるというのです。じつは、これこそが彼女の強みだったのです。

後日、f-Bizのある建物の屋上に出て、富士山をバックにコスプレ姿でアニメソングを演奏する彼女を動画におさめました。

それを「コスプレしながらオーボエ吹いてみた」と題してツイッターで動画投稿を開始したところ、香港のイベント主催者の目に留まり、出演オファーが舞い込んだのです。

ちなみに、富士山をバックにしたのは、世界を舞台に！　という思いが込められていたのですが、本当にいきなり世界デビューが決定してしまうとは、私どもも想定外でした。

世界でただ一人のコスプレオーボエプレーヤーの彼女、その後は、音楽教室での講師活動のほか、地元での単独ライブ、大学での講義等々、活動の幅を広げていきました。

そうして活動を続けていると、アニメの世界だけではないところでの知名度も上がっていき、現在はクラシック音楽界からのオファーも入るようになりました。

認知度があるということは、開催側としては集客率のアップが狙えるわけです。同じような技術を持つ人は他にも少なくないはずです。しかし、コスプレ演奏家というオンリーワンだからこそ彼女が選ばれるのです。

こうして彼女は今、演奏会用のドレスをまとい、時にはソロ奏者として、クラシックファンも魅了しています。

彼女は若いし容姿端麗だから、たまにはそういうこともあるよね、という声もあるかもしれませんが、そんなことはありません。

同じようにアニメが趣味でうまくいった事例に、50代の大工さんのケースがあります。「お父さんが仕事がとれなくて元気がない」というので、奥様と娘さんが心配して相談に来られました。ヒアリングを進めていく中で、「お父さんの趣味は何?」と聞いたところ、それまでテンポよく話をしてくれていたお二人が、急に気まずい表情になったのです。

なぜかと言えば、50代大工さんの趣味はアニメで、しかもそれはラブコメだったからです。

「よし、それで行こう!」。私は即答しました。お二人はとても驚いている様子でしたが、およそ50代の大工とはかけはなれたラブコメのイメージから、彼の柔軟さを支持してくれる層があると考えたのです。

アニメも熱く語れるような大工さんということで、SNSを使って情報発信を始めたところ、やはりそのオリジナルな部分に興味を示す層がいました。これまでにはなかった、インターネットを通じての受注という道が拓けました。

もう一例、バイクが趣味で売上が伸びた大工さんのケースもあります。

「大工がバイク。よし、それで行こう！」と、ダジャレのようなスタートでした。

ハーレーダビットソンのような高級なバイクを持っている方々は、おそらくバイクを野ざらしにはしないだろうから、バイク専用の車庫を売り出したらどうかと提案しました。

バイクへの思いを発信するためにブログも立ち上げてもらうことにしました。

すると、やはりバイクの記事を見て関心を持ったという方々から、立ち上げ早々、仕事が舞い込んできたのです。

バイクファンの方の中にも、増築だとかリフォームを検討中の人はいるものです。その方々が、こういうオリジナリティのある人になら任せられるのではないかと感じたのでしょう。

もちろん、バイク専用車庫の依頼もありますが、「大工がバイク」という切り口からさまざまな仕事が増え、今ではとても忙しい大工さんとして毎日を送っています。先日は、「なぜか鳥居を作る仕事も入りました！」と連絡がありました。

会社の「弱み」を「強み」に変える発想

人の性格において、よく長所と短所は表裏一体だと言われます。でしゃばりな人＝積極性のある人であったり、大ざっぱな人＝大らかな人であったりと、捉え方をポジティブに変えるだけで、その人の魅力には天地の差が生じるのです。

これは会社にも当てはまります。つまり、「弱み」だと思っていた部分が、捉え方をポジティブに変えることで「強み」だと気付くことができるのです。

とはいえ、会社を運営していく過程においては、思うようにいかないことがあれば、ネガティブな感情に押し潰されそうになることもあるでしょう。そのようなときに、ポジティブ発想が大切だと言われても、なかなかできることではないかもしれません。

しかし、弱みや欠点、デメリットといったネガティブ要素の中には必ず「売り」につながる「強み」が潜んでいます。だから、抜け出せないようなネガティブスパイラルに陥っているときこそ、今がチャンスと前向きに捉え、考えに考え抜くべきなのです。

すると、ブイが水面に浮上するかのごとく、ある瞬間にパッとヒントや答えが見つかるということが起こります。

現実的に、マイナスをプラスに、「弱み」を「強み」にひっくり返すヒントはいたるところに転がっているものです。

大正時代から続く老舗食品メーカー「鳥居食品株式会社」さん（浜松市）の例ですが、同社では今どき珍しく瓶入りのソースを生産していました。というのも、プラスチックの容器にしたくても、専用の機械を導入するための資金がなかったからです。

ガラス瓶は高圧殺菌処理をしてはいるものの、今どきの商品とは違い、どうにも古くさいイメージが払しょくできず、同社ではとても気にかけていました。

しかし、逆に私はこの「瓶入り」というところに光るものを感じたのです。瓶なら回収してリユースできます。そこをアピールしていけば「エコロジーな会社」という印象を消費者に与えることができます。今の時代、エコであることは商品購入の大きな動機にもなります。

さらに、高圧殺菌処理を行っているということは、化学添加物を使用していないということです。安心安全な商品ということで、やはり強みと捉えることができます。

つまりこの会社は、従業員も機械も古く、時代に取り残された食品工場だと思っていたものが、じつは「創業以来の伝統を守り、熟練のスタッフが真心を込めて安心と安全にこだわったソース作りを続ける、環境にも優しい会社」だったのです。これが消費者の心をつかまないわけがありません。

同社ではすぐに瓶の回収を開始しました。そしてこのリユース活動をきっかけに、自社の強みを自覚し、「小さな食品メーカーだからこそできることがあるはずだ」として、さまざまな取り組みを始めたのです。

自ら、お客様の好みに応じて作成するオーダーメイドソースなど、次々とアイデアをひねり出し、展開していきました。

売上が伸びない場合、往々にして新たな商品の投入という発想になりがちですが、「売り」となる部分を見極めず展開を図るのは負担が大きすぎますし、短絡的ではないでしょうか。

一時的に売上は回復するかもしれませんが、単なる目新しさだけでは長続きはしないものです。

まずは、今ある商品、サービスに目を向け、その「弱み」に前向きな気持ちで向き合ってみることをおすすめします。何かしらのヒントがきっと隠されているはずです。

「地域のオンリーワン」でもいい

自社のオンリーワンを見つけるためには、けっして大風呂敷を広げて考える必要はありません。すでにどこかで見聞きしたことのあるようなアイデアでも、自分たちの住んでいる地域にはないものだとしたら、それは十分にオンリーワン要素を持つものだと言えるからです。

15年程前、子供向けの英会話教室をオープン予定だという起業家の女性の相談を受けたことがあります。

すでにチラシやパンフレットも準備されていて、拝見したところ、既存のどの英会話教室にも見劣りしない、じつにしっかりしたものでした。事業計画も綿密に練り込まれ、申し分のないものでした。

ただ、これだけでは既存の英会話教室とさほど変わらず、起業しても埋もれてしまう可能性が否めません。

しかし、そういった負の要素は一切告げずにヒアリングを進めていきました。すると、オープン予定の教室が、私もよく知る大人気ケーキ店の2階であることがわかったのです。ここをアピールしない手はないと思いました。

同じ英会話教室でも、たとえば、レッスンの中でケーキが出てくる、しかもあの有名なお店のものとなれば、一気に話題にのぼるはずです。

すぐに彼女はそのケーキ店に相談に出向き、「レッスンとして、生徒さんと一緒に階下のお店に行って英語を使ってケーキを買い、それを教室に戻ってから英語を使いながら食べる」というプランをひねり出しました。

「美味しいスイーツを食べながらのレッスン」というアイデア自体は、さほど珍しいものではないし、すでに多くのセミナー等で事例が見られます。

しかし、この地域ではまだなかったアイデアであり、くわえて、対象が子供であることから、ケーキをお目当てにレッスンに通う子も少なくないだろうと予測できたのです。

案の定、オープンしてすぐに人気の英会話教室となりました。

このように、たとえ斬新なアイデアではなかったとしても、その地域にないものであれば、それはやはり立派なオンリーワンであり、活かしていくことができます。

小さな会社こそオンリーワンになれる

地方の小さな町で商売を続けている小売店さんなどには、人口の減少も進む中、大型店や大企業の進出、ネット通販など新たなアプローチでの新規参入等々で、苦戦を強いられているところも多いのではないでしょうか。

こうしたケースでよくあるのが、都市部など購入者の多い土地への進出です。

もし私どもでこうした相談を受けたとしたら、それがビジネス的に一番可能性が高く、選択肢として的確だと思った場合は、やはりその方向性でお手伝いをすると思います。

しかし、それがまったく外れていると思ったなら、「たしかにそうだと思いますけれども、まずはこちらの可能性も考えてみませんか」というように、相手の意見を肯定したうえで違う方向性に持っていくでしょう。じつは、こうしたケースは往々にしてあります。

このようなケースにおいて私どもが具体的に何をするのかというと、同じように厳しい状況の中でもしっかり生き残っている同業他社のリサーチから始めます。

そうすると、過疎化の進む町でもなぜか繁盛している電器屋さんとか、同業者が次々と廃業していく中で何代にもわたって続いている小さな和菓子店など、意外にも見つかるものです。

厳しい時代でもそうして脈々と続いているところというのは、やはり何らかの魅力があるものです。

たとえば、小さな町の小さな電器店の場合、コミュニティが非常に希薄になっている現代では珍しく、お客様と顔と顔でつながっていることが多かったりします。配達や工事とはいえ、すんなり家の中にまで入れてしまったりするわけですから、これは圧倒的な信頼感の上に築かれている関係性だと言えます。

換言すれば、コミュニケーションが希薄になったこの現代において、信頼感という得難い関係性で結ばれた強力なネットワークを手にしているわけです。だとしたら、それをベースにして新たに何かを提供していくことも考えられるはずです。

そうは言っても、年々顧客は減っていく一方で、そんな悠長なことは言っていられないという意見もあります。しかしたとえば、かつては1000件あった得意先が半分に減ってしまったという場合、それでもまだ500件はあるわけです。

しかもそれは、単なる500件ではありません。固い信頼関係の上に結ばれている50

0件なのです。さらに言えば、今どき、量販店や通販等々を利用すればもっと便利で安く手に入るかもしれない商品やサービスを、この期に及んで受け入れずにいる500件だということです。

そこには何かやはり絶対に選ばれ続けている理由があるはずだし、それは大きな財産に違いありません。

そこで、ここを核として活用している事例がないか、さらにリサーチしていくわけです。するとたとえば、量販店に押されて多くのパナソニックのお店が姿を消していくなか、同じパナソニックのお店である「でんかのヤマグチ」（東京都町田市）という、町の電器店が健在であることがわかります。

ホームページを見ると、「ヤマグチはトンデ行きます！」と大きく示されています。地域に貢献することを大切にしている同社は、たとえ電球1個の交換であろうと、本当にトンデ行くわけです。

シニア世代や育児中の方々に喜ばれることは想像に難くありません。そうして自宅へ上がった際、たとえば、ちょっとくたびれた洗濯機があった場合は、最新の洗濯機のカタログを見せたうえで、「別に買わなくてもいいですから、2週間だけ使ってみてください」

という説明をしてモニター用の洗濯機を後に届けるわけです。

すると、たいていのお客様はそのまま使い続けたいといって購入するのだそうです。

これは、徹底的地域戦略、ホスピタリティ戦略のモデルだと言えます。現実的に、このモデルで同じように成功している町の電器店が少なくありません。

じつは、わが家がお世話になっている電器店もそうです。以前は量販店で家電を購入していたのですが、今ではすっかり地元のこの電器店にお任せ状態で、あっという間に冷蔵庫から洗濯機からエアコンから、すべてそこのお店のものになってしまいました。

最近の家電はあまりにも機能が発達しすぎて使いこなせていないことも多いのですが、「よくわからない」と連絡すればすぐに来て教えてもらえるし、設定も全部やってもらえます。

量販店の場合、こうした徹底的なホスピタリティ戦略には弱い面があります。

量販店で商品を購入すると、下請け業者が来てそれを配達して帰ってしまい、その後どうしていいかわからなくなることもあります。一方、完璧に顔と顔でつながっている町の電器屋さんだと、わからないとか、故障した場合には、すぐに連絡が取れ、来てもらえるという圧倒的な信頼感があります。

規模の大きな商圏に進出することも選択肢のひとつですが、今いる場所がたとえ地方の小さな町だったとしても、チャンスはあるのです。

中小企業、小規模事業者で販売戦略に行き詰まりを感じているとしたら、まずは今いる大切なお客様にしっかり目を向けること。そして、同じ状況であるにもかかわらずうまくいっている他社や他業種を調べてみることをおすすめします。

オンリーワン要素が複数あるケースも

オンリーワンであることは間違いないにもかかわらず、じつは、それ以上に光るオンリーワン要素が他に潜んでいることもあります。

ハンドベル教室「Y's Bell／ワイズベル」（富士市）代表の大野由貴子さんのケースです。

静岡県では珍しいイングリッシュハンドベルの奏者であり指導者である彼女は、県内でのハンドベルの普及と発展を目指すべく私どもに相談に来られました。

オンリーワン要素がとてもわかりやすい事例で、私どもでもその部分に力を入れた情報発信等についてのアドバイスを行いました。

ところが、なかなか思ったようには展開していきませんでした。

マーケティングのプロであるアドバイザーとも何度も相談を重ねていたある日、彼女が「どんな人でもすぐに演奏できるようになる教え方をしている」ことがわかりました。

これこそ彼女の真のオンリーワン要素かもしれないと感じ、すぐに彼女に連絡を取り、詳しく話を聞くことにしました。

すると、たとえば『ドレミの歌』なら、ドーナツの「ド」のときに、このベルを鳴らすといったように「歌詞に合わせて音を鳴らす」というやり方をしていることがわかったのです。

なるほど、これなら私にもすぐにできるはずです。

「ということは、あなたのやっていることは〝楽譜が読めなくてもひらがなが読めればできる方法〟ということですよね」と、私は感心して言いました。

突如そのように言われ、あらためて彼女は自分の教え方がとてもユニークなものだったと気付いたようでした。これこそが、彼女のもっとも光る部分だったのです。

実際、楽器なんて無理だと断言していた中年男性は1回のレッスンで昭和の名曲を、高齢者施設入居中の男性は2回ほど練習して『ふるさと』を、障害のある子供たちにいたっては、5~10分で『きらきら星』を奏でられるようになったそうです。

彼女はその後、メソッドの商標登録を出願し、出版社から「ひらがな演奏本」に関する出版のオファーを受けたり、行政団体からの演奏依頼を受けるなど、これまでにない活動にもチャレンジしています。

最近では、新茶の季節に、富士山を望む広大な茶畑において、「茶畑ちゃっきりコンサート」と題した演奏会を開催し、地元紙やテレビにも取り上げられるなど話題となりました。

このように、当初オンリーワンだと思っていた要素より、さらに光る要素がじつは他に潜んでいることもあります。思ったように展開できていないという場合は、すこし立ち止まり、先にあげた趣味や年表を書き出してみるなどし、今一度自分を見つめ直す必要があるかもしれません。

なぜその仕事をやりたいのか？

セールスポイントとなる部分を探すために私どもでは、なぜその仕事をすることになったのか？　あるいは、これから起業しようとしている人であれば、なぜその仕事をやりたいと思ったのかを質問します。

そうすると、セールスポイントを発見するという以前に、基本的な大問題にぶつかることがあります。

よくよく話を聞いていると、今やっている仕事が嫌だから「違うものに挑戦したい」という理由でチャレンジしていることがあぶりだされることがあるのです。とくに、これから起業しようとしているケースで多く見受けられます。

「ＳＯＨＯしずおか」時代にあった、トリミングサロンを起業した女性の事例です。最初は金融機関から融資を受けるための相談で来られ、無事に開業にこぎつけることはできたものの、その後なかなか軌道に乗らない状況が続いていました。

別の担当者がずっとサポートしていたのですが、直接彼女に話を聞いてみたところ、じつは彼女は犬嫌いだったことがわかったのです。小さい頃に犬に噛まれたことがあり、潜在的に犬が嫌いになっていたのです。

しかし、学校を卒業してたまたま就職したところがトリミングサロンで、そこで何年かがんばってやっているうちに、自分で独立してやってみようという想いが芽生え、チャレンジしたという経緯でした。

ちなみにその方は、半年後に廃業しました。本来、一番重要なことを確認していなければならなかったという、これは極端な事例ですが、本当にあった話です。

そもそも犬嫌いだったにもかかわらず、なぜこのようなことが起きてしまったのか？組織に属して仕事をしているよりも独立してやっていきたいという思いが先走り、「起業することが目的になっていた」からだと言えます。そこで、手っ取り早く今している仕事で起業してしまった、というパターンです。

本来ならばやりたいことで起業しなくてはいけないのです。彼女が本当にやりたいことはそれではなかったはずです。

たとえば、人と話すのが苦手であるにもかかわらず、リフレクソロジストの民間資格を取得して足つぼサロンを起業するといったケースも多く見られますが、そもそものところこれは、足つぼを押さえる仕事ではなく接客業に違いありません。

人と話すことが苦手でやっていけるのでしょうか。これもやはり犬嫌いなのにトリミングサロンにしたケースと同じと言えます。

そのため私どもでは、最初の時点で「なぜその仕事をやりたいのか？」を確認しているわけです。

組織に所属しているのが嫌だから起業したい、つまり、起業することが目的になっていて、それは何であってもかまわないという人が少なくありません。

チャレンジ精神があることはとても素晴らしいのですが、この場合、思い描いているように展開していくことは稀だと言わざるを得ません。

起業とは究極の自己実現です。つまり、本当に自分がやりたいことを突き詰めるということに違いありません。その過程においては逆風にさらされることもあります。そうしたとき、思いを実現させていくための推進力として、「起業が目的」では弱すぎるのです。

また、開業しようとする人の中には、最初から公的助成金が頼り、というより、それ目当てに開業を考えている人も少なくありません。もちろん、活用することには何の問題もありません。

ただ、助成金ありきで開業してうまくいったケースはとても少ないのが現実です。それもやはりモチベーションの問題だと言えるでしょう。本当にやりたいことをやろうとしている人は、そうしたことより、まずは自分がやりたいことに集中しているものです。

理由はどうあれ、せっかくのチャレンジ精神です。こうしたことで潰れてしまうのは本当に残念なことだと言えます。

何より、今の環境や状況の中にいても、目線を変えるとか、発想を変えるだけで、世界はまったく違って見えてくるものです。

私の例で言えば、「SOHOしずおか」に出向を命じられたとき、早く出向期間の2年が過ぎないかとただ思いながら過ごすことだってできたはずです。

実際、出向中には、「小出、お前アホか？　そんなに必死こいてどうするわけ？　出向中の仕事なんて誰も評価しないよ」と、言われたこともありました。

しかし、支援側である自分もまた小さき者であり、チャレンジャーであることに気付き、何が何でも成果を出そうと覚悟を決め、どうしたらそれを成し遂げられるかを考えながらやり続けたことで、まったく違う世界が広がっていったわけです。

新たなことにチャレンジしてはいけないと言っているのではありません、チャレンジはモチベーションの糧でもあります。しかし、今の立場をなげうってまでのチャレンジをする場合には、もう一度自分の胸に手を当てて、胸の高鳴りがあるかどうかを確かめてみて欲しいと思います。

column

経営不振に陥った下請け工場のシンデレラストーリー

金属試作品等の製造・加工を行う「株式会社司技研」さん（富士市）が相談にみえたのは、f-Bizがオープンして間もなくのことでした。

同社の中川一政社長（現・会長）によれば、「売上が伸び悩み、先行きの見通しがまったく立たない」ということでした。すでにこの時点で同社は深刻な経営不振に陥っており、元銀行員の私の目から見ても大変厳しい状況にありました。

悲観し、厳しい状況を滔々《とうとう》と話す中川社長ではあったのですが、技術面について話を伺ったところ、別人かと見間違えるほど表情がパッと明るくなったのがわかりました。

同社では、最新鋭の設備を備え、高い設計技術を持つ技術者も多数抱えていたことで、他社には真似できない技術力で細かな部品加工を短時間で完成させることを可能としていたのです。

社長の様子が一変したのは、こうした高い技術力に絶対の自信を持っているからでした。同社の機械と技術力を用いれば、本来は鋳型を作らなければできない複雑な形状のものも、削ることで製作できるため、大幅に時短でき、コストダウンにもつながるといいます。

また、厳しい状況下、頼まれた仕事はどのようなものでも引き受けるようにしていたそうです。急ぎだと言われれば電話注文から3日で納品しているということもわかりました。しかも、それが1個からでも受注可能だというのです。

これには本当に驚きました。しかし、何よりの驚きは、誰の目にも「強み」だと認知できるこの技術力やシステムが、「そんなことは当たり前だと思って仕事をしていました」と、社長をはじめ同社の皆さんにはわかっていなかったということです。

下請けに甘んじているより、この高度な技術力を活かして展開していくべきです。

そこで、「高度で精緻な技術・短期納品・たった1個からでも加工受注可能」という、この驚異的な強みを大きくアピールするために、まずは、中川社長自身に自社の強みに気付いてもらうように説明しました。

どの案件でも同様ですが、私どもがどれほど自信を持っていたとしても、実際にビジネスを行うのは相談に来られた当事者です。ご本人が納得しないまま、自信を持てないままでいたのでは、プロジェクトの推進力に欠けてしまいます。

そのため私どもでは、本気で取り組んでもらえるよう、近似の成功事例を紹介するなどして上手くいく根拠をあげ、相手に納得してもらったうえで進めていきます。

同社の場合には、クリーニング店の特急サービスなどを例示し、「スピーディでフレキシブルにできるというのはとても価値があることで、求めるお客さんはたくさんいると考えられます」ということを述べました。

こうして、「試作特急サービス３ＤＡＹ」というネーミングで新サービスを展開。既存取引先のみならず、新規取引先獲得を図りました。

実際に行ったのは、簡単なチラシ作りや、ホームページで告知をするなどの営業活動です。お金をかけずに今すぐにチャレンジできることだったため同社のヤル気にさらに火をつけました。

その結果、新規取引先が３ヵ月で50社もでき、このサービスを糸口にさまざまな受注が舞い込むようになりました。大手自動車メーカーからの電気自動車用試作部品の大量受注にもつながりました。

それから約1年、新たに「部品再生１１０番」というサービスを開始しました。これは、製造中止となった自動車部品の受注製造を行うものです。クラシックカーマニアの方との雑談中に、「故障すると部品調達が大変だ」という話を聞いて思い付いたものでした。

「クラシックカーの部品も作れますか？」と、中川社長に打診したところ、「知人に頼まれてたまに作ってあげてるよ」と、サラリとした返事。このときも、中川社長はビジネス的な「強み」であることに微塵も気付いていないことが明白でした。

すぐにデータベースでリサーチをかけたところ、「クラシックカー」のキーワードでは膨大な件数がヒットしたのですが、「パーツ」で絞り込み検索をすると、メンテナンスパーツの作製サービスはほとんど見当たりませんでした。

新市場開拓の余地ありと判明したことでサービス化を進め、カーマニア向けの専門誌にニュースリリースを送りました。するとすぐに取り上げられ、全国のクラシックカーオーナーから依頼が相次ぎました。

このときも大手自動車メーカーから問い合わせがあり、レーシングカーの部品作製という想定外の依頼を受けることになりました。

こうして、かつては安く買いたたかれていた商品が、特殊部品として、下請け時代からは考えられないような破格の値段で取引されるようになりました。

事業内容を売上高で見ると、10年前には試作品が5％、加工が95％だった同社の売上は、今では試作品90％以上、加工が10％以下と、まったく逆転しています。

つまり、たった5％しかなかったイレギュラーな仕事の中に、新市場開拓の大チャンスが眠っていたわけです。

経営不振が解消されたことはもちろん、今では顧客の9割が大手上場企業で、お付き合いするお客様も売上単価も激変。今春には新社屋も完成しました。

株式会社 司技研

会長　中川一政
代表取締役社長　野呂三保
事業内容　金属加工・部品加工・試作品の製作
所在地　静岡県富士市今宮2083

第2章
「オンリーワン」の活かし方

売上アップの3つのポイント

自社、もしくは自身の「売り」となる光る部分が見つかったなら、今度は、それをどう活かしていくか、どうやったら売れるようにできるのかを考えていくことが必要になります。

企業支援の世界では、相手企業の事業内容や商圏、取引先等々、詳細なリサーチと分析を行って戦略を立てていくやり方が一般的です。

一方、最終的な目的とは「どうしたら売上を上げられるか、儲かるようになるか」ということへの答えを見つけることだと言えます。だとしたら、結果を出すことだけをシンプルに考えていってもよいはずです。

そこで私どもではまず、「売り」となる部分がどのような人たちに喜んでもらえるか、役立つか、ターゲットを明確にします。そのうえで、実際にどのように展開していったら、最短、かつ、お金をかけなくても成果が得られるのかを考えていきます。

私は、まえがきでも述べたように、売上を上げるためには次の3つの方法しかないと考えています。

①　販路開拓
②　新分野進出
③　新商品・サービスの開拓

過去の成功事例を類型化したときに、それらすべてがこの3つのどれかに該当していたからです。

このように述べると、この3段階に沿ってどれが自社には最適なのかを見極めて進んでいけば、確実に売上アップにつながるという発想で考えてしまいがちですが、すこし違います。

どうやったら「売り」を磨いて今よりも良い状態になれるか、売上を伸ばしていけるかということを懸命に考え模索していったところ、結果的にこの3つに類型化されたというわけで、分類は後付けなのです。

つまり最初からこの3パターンを狙っていくと、型にハマってしまい、良いアイデアやひらめきが生まれにくくなる恐れがあるわけです。

まずは、何にもとらわれないまっさらな状態で、どんどん自由に模索していくことが大切です。業界の常識、一般常識からも離れてフレキシブルに考えていきましょう。

そうすると、最初は販路開拓でいこうと考えていたことが、じつは商品開発をしたほうがいいことがわかったり、新たなサービスを開始しようと思っていたのが、従来のサービスを別の顧客層をターゲットに展開したほうがいいといったことに気付けるようになってきます。

新しい販路を開拓できるか?

まずは、「新しい販路を開拓すること」で売上が30倍アップした、熱海市で「椿油《つばきあぶら》」を製造販売している老舗「サトウ椿株式会社」さんの例でみていきましょう。

椿油は大半が化粧品やせっけんの原料として扱われているのですが、同社が悩んでいたのは、食用の椿油の方が思うように売れないことでした。

そこで、椿油はどんな味がするのかを質問してみたところ、「オリーブオイルに近い味で、サラッとしていてクセがなくて酸化しにくいこと、椿油100%で揚げた揚げ物は食感が非常に軽く、色も白くて美しいこと」がわかりました。

「じゃあ、その椿油を一番買ってくれている所はどこ？」と、さらに聞いてみたところ、某外資系高級ホテルの天ぷら店と、銀座の有名天ぷら店の名前がサラリと返ってきたのです。

ということは、椿油とは、最高級クラスの天ぷら店のプロが選ぶ油ということに違いありません。これこそが最大の「強み」だと確信しました。

ミシュラン現象と同じで、〝あの有名店で使用している油〟となれば、他店が注目しないわけがありません。

データベースを用いて、「椿油」「食用」で検索し、さらに「天ぷら」で検索してみると、過去7年間でたった7件しか該当がなく、また、それらの記事を読んだところ、天ぷら専用の椿油商品はひとつも見当たりませんでした。

そこで、椿油を単なる食用ではなく、「天ぷら専用の椿油」として捉え、天ぷら専門店や高級料理店、高級志向の食にこだわる層にターゲットを絞り込んでPR展開していくことにしました。

パッケージには、「からりと軽く揚がる」「サラッとして食材の風味を活かす」「劣化しにくい」といった椿油の特性を入れたほか、「天ぷら専用の椿油」と明記しました。

結果、天ぷら専門店はもちろん、日本料理店からの問い合わせが急増。通常期比で最大30倍の売上アップにつながったのでした。

このように、既存の取引の中にすでに販路開拓や拡大のヒントが存在していることがあります。

今ある商品やサービスの中にオンリーワンの要素を見つけられたのなら、取引先やクライアント先をもう一度洗い出してみるのもひとつです。ちなみに同社の場合は、食用としての既存取引の割合は全体の5％に満たないものでした。

これまでと異なる新分野へ進出できるか？

売上増の2つ目のポイントとして「新分野への進出」があげられます。

各種機械製造業の「株式会社石川総研」さん（静岡市）の事例です。創業60余年という同社は、もともと大手電機メーカーの空調機などの製造ラインを手がけていました。

しかし、主力取引先での設備投資が減少したことで売上が激減。そこで、起死回生の策として「ジビエ一番」という、鹿肉や猪肉などジビエ用の低温調理器を開発しました。ところが、その売上が伸びず、f‐Bizに相談に来られたのでした。

ちなみにこれは、鳥獣被害対策によって駆除される野生動物の肉を調理する目的で開発したという経緯がありました。

ヒアリングを進めていく中でまず注目したのは、チキンロールなどの加工食品販売も行う高級鶏肉の生産で有名な養鶏場に、「ジビエ一番」を使用してもらっていたという点です。この低温調理器のクオリティの高さを物語るものだと思いました。

一方、ジビエ専門の製品として売り出していたのでは、マーケットが狭すぎるため、どんな施策を講じても売上増にはつながりにくいとも考えられました。

しかし、さらにヒアリングを進めていくと、この調理器は「湯《ゆ》煎《せん》鍋《なべ》方式」という加熱方式のため、同社社長曰く「安い肉も高級肉のように美味しくなる」ことがわかりました。

そこで思いついたのが「チャーシュー」の製造です。チャーシューといえばラーメンです。ラーメン業界ならジビエよりもはるかに市場が大きく、チャーシューそのものにこだわりを持つ店も多いでしょう。そこで、「チャーシューメーカー」として売り出してみることを提案したのです。

同社も、現状の製品のままでより大きな市場で勝負ができると大きく期待を寄せてくれました。早速その方向でコンセプトを明確化し、ネーミングについても一緒に考えていくことにしました。

こうして、かつての「ジビエ一番」は、〝わずか0・2℃の微妙な温度管理も可能。従来の「焼く・蒸す」より簡単に、短時間で、美味しくチャーシューが作れる〟という、ラーメン店に響くキャッチコピーとともに、「チャーシューメーカー三ツ星くん」という商品名で販売が開始されました。

私どもは商品イメージがうまく伝わるパンフレット作りをサポートするとともに、地元テレビ局や新聞各社などメディアにもニュースリリースを送りました。

従来のチャーシュー製造器に比べ1・5倍以上もする価格にもかかわらず、いざ営業をかけてみると即決で購入を決めるラーメン店が相次ぎました。

また、購入者の中に、たまたまテレビで「三ツ星くん」を絶賛したラーメン店があったことで、これが全国のラーメン店に口コミで広がり、後に、実力派ラーメン店がひしめく北海道からも注文が舞い込みました。

販売開始以来ほとんど実績のなかった「ジビエ一番」が、三ツ星級のチャーシューが作れる「三ツ星くん」として発売されたところ、たった2ヵ月で5台売れ、その後は納品まで数ヵ月待ちという状態も続きました。

じつは、同社社長は職人気質とも言えるとてもこだわりの強い方で、そのお店によって異なる「求める味」に対し応えることを信条にしています。理想の味が完成するまで、加熱時間と温度設定との調整にとことん付き合うなど、奇しくもそれは、こだわりの味を追求するラーメン店の姿勢とも重なりました。

こうして「三ツ星くん」は、ラーメン店をはじめ、腕利きのレストランオーナーシェフたちからも求められる低温調理器として根強い人気を集めています。

新商品、新サービスを開発できるか？

中小企業、小規模事業者の方に対し私は、「一定の法則性で人は動く」という話をよくしています。あるパターンで機能していることは、別のパターンでも機能すると考えられるので、それを見つけましょうというわけです。

時流の中でそれを見つけて生まれたのが、創業110年を超える老舗和洋菓子店「お菓子の家　もちのき」さん（富士宮市）の「どらサンド」です。

今、町の洋菓子屋さんが困っている理由というのが3つあります。ひとつは競合店が多くなったこと。2つ目がコンビニスイーツのクオリティが高くなってきたこと、それにくわえ、新商品の出るスピードがとてつもなく速いこと。そして3つ目が、ネットなどでお取り寄せができるようになったことです。

そうした状況下、2年程前から同社では、毎回社長親子4人そろって相談に来られていたのですが、なかなか大きく流れを変えられずにいました。

ところが、2017年秋頃の大きなビジネストレンドで、「インスタ映え」が、食の世界を席巻《せっけん》し出しました。もちろん美味しくなければダメなのですが、そのうえでインスタ映えできれば、新たな客層を開拓できるのではないかと私は考えたのです。

既存のお客様だけを対象にしていくと、どうしても価格競争になってしまうため、新たなお客様を増やすための別の軸で「インスタ映え」を目指そうという発想です。

同社では時おり地域のイベントに出店していたのですが、そこで人気を集めていたユニークなお菓子がありました。どら焼きの生地でできたクレープです。

一方、インスタの世界では、フルーツサンドがとても支持されていました。カットされた断面がオシャレで美味しそうという、いわゆる「萌《も》え断《だん》」というものです。『日経ＭＪ』でも「萌え断ブーム」として報じられていました。

こうして誕生したのが、どら焼きの生地でできたフルーツサンド「どらサンド」です。どら焼きに挟まれた断面に新鮮なフルーツが並んでとても美味しそうです。

洋菓子業界において商品の完売が続くのは珍しいことのようですが、同店の「どらサンド」は毎日完売しているそうで、今ではこの老舗和洋菓子店を牽引する看板商品となっています。松坂屋百貨店（静岡市）での催事にも出店し、２日間限定で「どらサンド」を販売したところ、両日とも数時間で完売しました。

「インスタ映え」「萌え断ブーム」という、一定の法則性にのっとったことでやはり同じようにヒットしたわけです。

もちろん美味しいという前提が不可欠です。その前提があってお客様はリピートするわけですから、いくら素晴らしくインスタ映えする商品だとしても、それだけでは話題性だけで終わってしまいます。

また、後でも詳しくのべますが、これまで紹介してきた事例同様、売れるかどうかの「裏付け」は必ず取る必要があります。「どらサンド」もやはり、どら焼きの皮のフルーツサンドというのはどこでも販売していなかったことがわかったうえで、オンリーワン商品として開発を進めています。

新商品・新サービスの開発・販売において、同じものがすでに多く出回っているとわかったら、それがどんなに法則性にのっとっていても、アイデアが素晴らしかったとしても、そこに参入するのはやはり避けるべきでしょう。柳の下にいるドジョウは限られているのです。

ターゲットとコンセプトを明確にする

どんなに高い技術を持っていても、どんなに商品やサービスに魅力があっても、どんなにがんばってみても、なぜか売れない、業績が上がらないということがあります。もしそのような問題に直面しているとしたら、自分たちの強みを最大限に活かせるマーケットとは違う場所で戦っていることが考えられます。ターゲットの絞り込みができていないことが原因として考えられます。

ターゲットを絞り込むより、多くの人たちに向けて売り出したほうがいいのではないかと考える方もいるかもしれませんが、今のようにモノが溢れかえる時代には、それでは売れません。

機能性を持たせた食品類、「年齢化粧品」等々、これらヒット商品は、明確にターゲット層を絞り込んで開発されていることがわかります。

前述のサトウ椿さんの事例もそうですが、「食用の椿油」として一般向けに広く売り出すより、「天ぷら専用の椿油」として専門店に向けて発信したことで、売上が大きく伸びています。

同社の場合、さらにその後、お店で天ぷらを食べたお客さんが味をしめ、個人で椿油を注文してくるケースも増え、以前は苦戦していた一般向けの販売においても売上が増加しています。

ターゲットの絞り込みは、商圏が狭く、商品アイテム数が少ないケースほど、できるだけ明確にして絞り込んだほうが上手くいくと思います。

では、具体的にどうやってターゲットを絞り込んでいくのか？　これには「商品やそのサービスが利用されるシーンを想像してみる」のが有効です。

サトウ椿さんの事例でいけば、質問をとおして、「クセがなくて酸化しにくいこと、椿油100％で揚げた天ぷらは食感が非常に軽いこと、既存の顧客が最高級の外資系ホテルの天ぷら店や天ぷら専門店であること」がわかったわけですが、では、そこから想定されるユーザーは誰なのか？　そう考えてみたとき、椿油の希少性や価格の高さからみて、脳裏に浮かんでくるのは、天ぷら専門店や日本料理店、そして高級志向の食にこだわる一般の消費者でしょう。

ターゲットが絞り込めれば、どのようなコンセプトで商品イメージを作り上げていくことができるかが自ずと見えてきます。

そこから逆算して具体的にキャッチフレーズなどのＰＲ方法を考えていくことで、素晴らしい商品であるにもかかわらず売れなかったものが、思うように売れ始めるのです。

逆に、コンセプトを持たせることでターゲットも決まってくることもあります。

時おり、「コンセプトとターゲットはどちらを先に決めたらいいですか？」という質問を受けることがありますが、私どもはそのあたりは決めずにやっています。決めてしまうと型にハマってしまう可能性があるからです。

とにかくまずは、どんな業種からの相談であっても消費者目線でながめ、どのようにしたら自分はこの商品やサービスを買うだろうかと考え、対応にあたります。常に自由発想で考え、そのうえでディスカッションを重ね方向を決めていくというやり方をしています。

よくあるのは、ホームページ等で会社の理念を見せてもらったとき、それがあまり伝わってこないケースです。企業理念とはいわばコンセプトであり、ここが曖昧だと、思ったように展開していきません。

そのため、私どもでは、経営者の方がこれまでに書き続けてきたブログ等がある場合はそれをすべてチェックするなどし、どのような思いを持っていて何をやりたいのかという本質的な部分を探り、相手の意見を交えながら理念の練り上げをサポートすることもあります。

問題の本質を探り、型にハマらない自由な発想で考える

売上アップのポイントには、「販路開拓」「新分野進出」「新商品・サービスの開拓」という3つがあるわけですが、実際の企業支援の場においては、最初からそのうちのどれでいくかを意識してやっているわけではありません。

オンリーワン要素を生かしていく過程において、どのようなことをしたら成果を生むのかを知恵を絞って考えていきます。すると、結果的に販路拡大を目指す方向になっていくわけです。

あるいは、そのようにして販路拡大を目指して進めていたところ、どうやら新たに商品を開発することでさらにうまくいきそうだ、となったりもするわけです。

静岡を代表するイチゴ「紅ほっぺ」の生産農家「イチゴイチエ石神農園」さん（牧之原

市）の事例です。同園は、傷ができたりして市場に出荷できないイチゴを冷凍倉庫で大量に抱えていたことで私どもへ相談に来られました。

このケースだと、多くの場合、おそらくは直接的に販路開拓の方向で進めようとするのではないでしょうか。しかし、ｆ‐Ｂｉｚが最初に行ったのは商品のブランド化でした。

相談の際、販売先を聞いてみたところ、８割を農協に卸し、２割は直販で、その直販先の中には、松坂屋百貨店（静岡市）があることがわかりました。しかもそれらは、「イチゴイチエ石神農園の紅ほっぺ」と、生産者名を出して販売されているというのです。

このことから、石神農園さんのイチゴはプロのバイヤーが認めた商品であり、これこそ光る部分であると確信したことで、より価値の高いオリジナルブランドとして売り出すことを提案したわけです。

ブランド化のためには、ネーミングとイメージが重要です。それまでのイチゴの販売においては、品種と生産者を表記して売るのが主流でした。それに対し今回は、石神農園の作る紅ほっぺに固有のブランド名をつけるという、これまでにない手法を取りました。

データベースを使い人気の農産品のネーミングとイメージについて調べたところ、味の特徴や土地柄をうまく表現したものがヒットしていることがわかりました。そこで、「恋い味、紅ほっぺ。静波《しずなみ》レッド」というネーミングとともに、サーフボードをあしらったしゃれたロゴを完成させました。

いざ販売を開始すると、首都圏の百貨店からも注文が舞い込むなど、販売開始から数ヵ月で売上が5倍アップ。

さらに、当初懸案だった出荷できずに倉庫に大量に残っていた冷凍イチゴに関しては、「静波レッド」ブランドのイチゴということで、加工品用として人気を呼び、相談に来られてから3年の間に、出荷数が15倍にも伸びました。

このように、最初から「販路開拓」「新分野進出」「新商品・サービスの開拓」という3つのポイントのどれかに当てはめていく、そこを狙っていくというのではありません。どのような相談であっても、その人たちが求めているのは今よりも状況を良くすることですから、私どもでは話を伺いつつ、その本質に迫るべく進めていきます。

本質を見極めたうえで知恵を絞ってやり方を考えていった先に、3つのポイントが見えてくるというイメージです。

大事なことなので繰り返しますが、考え方のヒントとしてこれら3つのポイントがあるということを知ったうえで、とらわれることなく問題の本質を見極め、知恵を絞っていきましょう。

ターゲットを絞って価格競争から逃れる

多くの人が、「値段が高いと買ってもらえない」とか、「安くすれば売れるようになる」と考えがちです。ｆ－Ｂｉｚに相談に来られる経営者の方も、そうした話をされる方がほとんどです。

しかし、けっしてそのようなことはありません。

なぜなら、今は消費者の価値観がとても多様化しているからです。すべての人を満足させるのはなかなか難しいのですが、きちんとターゲットを絞って展開していけば、売れていないモノでも売れるようになるし、値段に関係なく売れるようになるのです。

たとえば、今ヨーグルトの中でよく売れているのは、明治の「Ｒ－１」です。ｆ－Ｂｉｚの周辺にあるスーパーではこれが、本体価格１個１２５円で販売されています。

すこし前なら、カップヨーグルトは３個パックで１００円というものがほとんどでした。

それが、1個で3個以上の値段でも売れているわけです。

なぜかと言えば、あれを食べ続けると風邪をひきにくくなるなど、健康に良いという機能性が付加され、支持されているからです。今までの常識の3倍以上の価格でも売れているというこの現象から見てわかるのは、高くても売れるという事実です。

「R-1」を支持しているのは健康を意識している人たちです。その人たちにとって、健康は最も大切なものであって、値段の問題ではなく買ってしまうのです。

同じことを、今首都圏で勢いのある高級食品スーパー「成城石井」においても見ることができます。

同店で買い物をしている人たちの様子を見ているとわかるのですが、値段を見て買っている人がほとんどいません。ポップを見る人はいても、値段を見て悩んで買い物をしている人がいないのです。

小売業者の方などはとくに、「高いと売れない」「安くなければ売れない」という考えにずっと頭の中で固執し、恐怖感のように縛られている人が多いのですが、現実にはこうした、「高くても売れるパターン」があるのです。

先の「サトウ椿」さんの場合も、「食用の椿油が売れなくて困っている」ということでしたが、一番多く購入しているのが最高級の外資系のホテルの天ぷら店等ということから、ターゲットを絞ったところ売上が大きく伸びたわけです。

万人に買ってもらうべく単に値段を安くするというやり方は、価格競争に巻き込まれ疲弊するだけです。価格を下げる前に、自社の「売り」を十分に活かす方法を徹底的に追求し、ターゲットの絞り込みを考えましょう。

コンセプトが一発で伝わるネーミング

絞り込んだターゲット層に対し、そのサービスや商品が魅力あるものであることをアピールするためには、コンセプトが一発で伝わることが必要です。

たとえば、前章で紹介した「司技研」さんの「試作特急サービス３ＤＡＹ」や「部品再生１１０番」というサービス名は、その内容が瞬時に理解できてしまいます。

ところで、このネーミングは、誰もがどこかで見聞きしたことがあるのではないでしょうか？　というのも、これらはクリーニング店とカギ屋さんでよく見かけるサービス名だからです。

ｆ‐Ｂｉｚには、現役コピーライターでもある杉本剛敏副センター長がいて、数多くの名キャッチコピーを作って成果を上げています。ですがじつは、「司技研」さんのこれらのネーミングは、私がクリーニング店やカギ屋さんのキャッチコピーをヒントにしてつけたものです。

とてもわかりやすく、イメージが伝わりやすい名前ではありますが、何しろド素人の私がつけたものなので、そのまんまストレートです。ですが、ここで重要なのは、「司技研」さんがターゲットとする層が個人客ではなく対企業だという点です。

おおよそ企業をターゲットにした、それも、工場の中で自動車部品を扱うような業界においては、専門用語も何もないこのような素人目線のキャッチコピーが異色ともいえ、逆に目を引くことになると考えられます。コンセプトは一発で伝わります。

要は、ＢｔｏＢ（対企業）の市場に、ＢｔｏＣ（対消費者）目線のネーミングを取り入れることで注目度を上げたわけです。

専門的な分野においてネーミングを考えるうえでは、あえてこのような一般の人にもわかりやすい目線から追っていくのもひとつだと言えます。

もともと対消費者向け商品やサービスの場合も、もちろんパッと目を引いて伝わりやすい名前でなければなりません。

静岡県吉田町で木製品の製造卸しや神棚の通販を行っている「有限会社静岡木工」さんの事例も紹介しましょう。

同社は、「ライフスタイルの変化にともない、神棚が売れなくなった」というので相談にみえました。以前何かで見聞きした「現代仏壇」のことがすぐに浮かんできて、同様のコンセプトでいけば売れるはずだと確信しました。

従来の仏壇は、ご先祖様をおまつりするためのものですが、「現代仏壇」ではそれを「お位牌のご安置場所」ととらえているように感じました。それと同じ論法でいけば「神棚はお札収納のスペース」ととらえることができます。仏壇と神棚という違いはあれ、同じ傾向、同じ法則性で動くことが予測できます。

そうこう話しているうちに、ネーミングまでひらめいてきました。それが「モダン神棚」です。モダン神棚は、収納扉を閉じると洋室にも馴染む、それこそモダンなデザインで、発売されると楽天市場の神棚ランキングでも1位を獲得。売上は40%増となりました。

このように、他ジャンルの類似した成功事例を参考にするのも有効な手段と言えます。

パッケージひとつで客層も変わる

柿の種専門店「かきたねキッチン」をご存じでしょうか？　駅構内商業施設、百貨店、空港等の一部に出店しているのですが、ギフト用の高級柿の種として話題を呼び、雑誌や新聞で取り上げられていたことから、私も出張の際、足を運んでみました。

柿の種といえば通常おつまみです。それがどうしたら贈答用として人気になるのか、考えながら売り場へ行ったところ、パステルカラー調のおしゃれなボックスがきれいに並べられたカラフルな店内に、まずは驚かされました。

とくに印象に残ったのがカップ仕様の商品です。いかにも外資系企業で働く女性が片手に持って食べていそうな、とても洗練されたデザインのものでした。

じつはこのとき、「福砂屋」のことも思い出されました。長崎にある名門中の名門、老舗カステラ店です。黄色いパッケージに見覚えがある人もいるのではないでしょうか。

以前読んだ記事によれば、同店では、昔ながらのカステラを若い人たちにも食べてもらうにはどうしたらいいか、という課題を抱えていたそうです。

たしかに、カステラをお土産でもらった場合、とくに社内では配るのに手間暇がかかってしまいます。最近は、カットされてフォークがついているカステラも多くありますが、それでも皿が必要になります。

そこで開発されたのが、カットしてあるカステラがカラフルな正方形のボックスに入った、「フクサヤキューブ」です。

これが店頭で色鮮やかに並べられている様は、とても華やかでおしゃれです。見た目も良く、小分けされていて、そのボックスが皿がわりにもなるため、職場へのお土産にも最適です。

このパッケージに変えたことで、若い層、とくに女性客が増えたということだったので、「かきたねキッチン」の源流はこれではないかと思ったわけです。違っていたにしても、ひとつのパターンであり法則性だと言えます。

これまでシニアしか買わなかったような伝統的なお菓子も、「おしゃれなボックスに入れる」というやり方ひとつで若い人にも買ってもらえるようになるということです。

前述の「椿油」の場合は、天ぷら専門店や高級料理店、高級志向の食にこだわる層をターゲットとして、ラベル表示を「天ぷら専用の椿油」に変え、「からりと軽く揚がる」

「サラッとして食材の風味を活かす」「劣化しにくい」といった椿油の特性を表記したものに変えたことで売上が伸びました。

中身も大切ですが、見た目にも工夫して戦略性を持たせることは絶対に欠かせません。

こうしたことは、他の商品であっても同様です。違う業界の事例であっても、うまくいったパターンを頭に入れ、活用していくことです。

チャレンジは裏付けを取ってから

ここまで、オンリーワンの活かし方についてたくさんの事例を紹介してきましたが、ひとつ大きな注意点があります。それは、ひらめきやアイデアだけで実行に移してはいけないということです。

どんなに素晴らしい思い付きだったとしても、あるいは、「世界初」「業界初」といったオンリーワン要素があったとしても、それと同じパターンでの成功例があるかどうか「裏付け」を取ったうえで進めなければなりません。

意外に思われるかもしれませんが、現実的には、ほとんどの方々がこれをしないことで失敗しています。

先にあげた「モダン神棚」は、「現代仏壇」の成功例が裏付けとなりビジネス化されたものです。では、前章で紹介したコスプレオーボエプレーヤー「よねち」さんの場合はどうなのか？　世界でただ一人というからには、同じような成功例はないのではないかと思われるかもしれませんが、オーボエという楽器に限定せずに、音楽界という大枠でみていくと成功事例を見つけることができます。

ここで裏付けとなったのはバイオリンの世界でした。女性バイオリニストはけっこうたくさんいて、競争の激しい世界なのですが、そうした中で、若手ながらCDを出している人が存在します。

じつは私は大のクラシック音楽ファンなのですが、以前から、セーラームーンなどの格好をしてバイオリンを弾いている女性バイオリニストがいることを知っていました。その彼女が、やはりCDを発売していたのです。

これが裏付けとなり、「コスプレしながらオーボエ吹いてみた」と題してツイッターで動画投稿を開始したところ、あっという間に世界デビューが決まり、その後、クラシックコンサート出演への道も拓けたわけです。

これなら自分にもすぐできそうだ！　と即実行に移し、空振りに終わるのがよくあるパターンであることは先に述べたとおりです。

2匹目のドジョウは狙えるかもしれませんが、3匹、4匹となると厳しくなります。だからこそ、似たような別の事例での成功例を探すという裏付けが必要になるのです。たとえば、カレーで成功したパターンならシチューで、ラーメンならうどんで等々、近いジャンルなら同じパターンで働く可能性が高いのです。

また、競合する事例がどれくらいあるかをチェックし、すでに多くの人がやっていることだったとしたら、どんなに素晴らしい思い付きやアイデアでも、良い条件がそろっていたとしても、考え直すべきでしょう。過当競争はいずれ価格競争に巻き込まれてしまうからです。

一方、他ジャンルでの成功例があり、自分のジャンルで競合相手が少なければ主導権が握れます。実行に移してもOKです。しかし、似たような事例が全くゼロではいけません。そこにはニーズそのものがない可能性があります。大企業にはぜひチャレンジしていただきたいのですが、中小企業や個人事業主にはリスクが大きすぎます。

また、企業支援業務に携わる立場にいるとよくわかるのですが、何となくできるかもしれないという希望的観測からのスタートでは、プロジェクトの推進力に欠け、とん挫しがちになります。

そうしたことを回避するためにも、客観的な裏付けを取り、そのことがちゃんと腑《ふ》に落ちたうえで、「これならできる」と自信を持てるようになることが必要なのです。

腑に落ちた瞬間に、人はスイッチが入ったように動き出します。倒産の危機に瀕し、すっかり力を落としていた人でさえ、その瞬間から人が変わったように意気揚々と挑み始めます。俄然モチベーションがアップし、問題解決に向かって情熱を燃やし始めます。だから結果が伴うわけです。

データベースで裏付けを取る

裏付けを取るとは、「その業界におけるトレンドがどのように流れていて、どんな状態なのかをチェックし、そのうえで、似たような別の成功事例がないかを調べる」ことです。

今どきは検索エンジンもたくさんあるので、個人でいろいろ調べることもできますが、ネットの情報は玉石混淆《ぎょくせきこんこう》ですから、その点は注意が必要です。

ｆ‐Ｂｉｚでおもに利用しているのは、「日経テレコン21」という有料のデータベースです。

ここには、全国紙各紙、全都道府県の新聞、各業界の専門紙、スポーツ紙と、業界を越えた約１４０以上の国内の新聞と、主要なビジネス誌や一般誌の過去30年の記事、企業・市場・人事情報等々、ビジネス関連の国内外の情報がデータ化されています。

個人や企業がネットなどを使って「売れています」と情報を発信していても、それが正確なものかどうかはわかりません。しかしここにある情報はすべて第三者である記者が取材をとおして書いているものなので、客観性があると言えます。

また、売れている商品やサービスというのはおおむね取材されていると考えることができるので、ある事柄について時系列で調べていくと、その市場性、競合状態、トレンドが見えてきます。

ネットを活用する際もそうですが、同じ検索エンジンを使っていても欲しい情報を引き出すのに時間のかかる人もいれば、サッとすぐに出せる人もいます。この違いは、調べようとしていることの「本質」をつかめているかどうかにあると言えます。

たとえば、木工メーカーの相談にあたっていて、「オーダーメードの、桐を使ったウォッチスタンド」の可能性について調べようとしたとき、どんなキーワードを検索エンジンに打ち込むべきでしょうか？

データベースを使いこなせない人というのはこのとき、「桐製」「ウォッチスタンド」に意識が向いてしまいます。

しかし、それでは単に「桐製」の「ウォッチスタンド」があるか無いか、という情報しかつかめません。

知りたいのは、「高級ウォッチスタンドのトレンドと市場性」なのです。

そのためには、頭の中にそれを使っているシーンを思い浮かべてみます。すると、「高級腕時計」をそれに「収納」している様子などが浮かんでくるのではないでしょうか。つまり、打ち込むべきキーワードは、「桐製」「ウォッチスタンド」ではなく、「高級腕時計」「収納」が妥当と言えます。

また、私ならその際、「高級腕時計」でまずはターゲットやトレンドを徹底的に調べたうえで、「収納」するにはどういったものがいいのかを調べてみます。

このように、無為にキーワードを打ち込むのではなく、「本質」を捉えるという視点を持ち、欲しい情報に最短かつ正確にたどり着くことを意識することが大切です。

お金がないからこそ上手くいく

日本にある企業のうちの99・7％は中小企業です（2017年時点）。しかし、企業支援の世界におけるコンサルティング業について考えると、やはり、優秀なコンサルタント会社というのは、どうしてもコンサルフィーが取れるフィールドに参入していきます。市場規模が大きいとはいえ、経済的な効率性からいって、中小企業をターゲットにはしにくいと言えます。

つまり、ボストン・コンサルティングやマッキンゼーといった世界有数の優れたコンサルタント会社は、残りの0・3％の大企業や上場企業のコンサルを1件あたり数千万円から億単位のコンサルフィーを取って行っているわけです。

では、そうした企業をコンサルティングしているボストン・コンサルティングやマッキンゼーがどういったことをしているのか？　彼らは分析力を要として緻密にデータを調べ上げていきます。

戦略を練って展開していく上では欠かすことができないやり方ですが、そもそも中小企業では小規模すぎて分析のしようがないという現状があります。

しかし、考えてみれば、日本の最大層である99・7％にものぼる中小企業を元気にしないかぎり日本の経済は大して元気にならないはずです。

大企業には「ヒト・モノ・カネ」すべてが揃っているので色々な選択肢が考えられます。しかし、中小企業はそれらすべてに弱点を抱えています。

打開策として、新たな設備投資等に大きく予算を投じても、その事業がお金にならなかった場合、借り入れだけが残ってしまい大変なダメージになります。失敗すればその影響は数年間続いてしまいます。

だからこそ、経営の流れを変えていくためには、「知恵」を出していくことが必要なのです。お金をかけずにやってみたことは、万が一うまくいかなかったとしても失敗にはならないはずです。

長い目で見ていればそのうち成果が出てくるというパターンもありますが、これも中小企業・小規模事業者には現実的ではありません。

前章で紹介した司技研さんの場合、ｆ－Ｂｉｚに相談に来られた時点で極端な業績不振に陥っていて、金融機関からの資金調達も厳しい状況という、まさに倒産寸前の状態でした。つまり、同じ成果を挙げるにも、最短で成し得なければ、意味のないことになってしまうのです。

そうした高いハードルを乗り越えていくために必要なのが知恵なのです。それはまた、「窮《きゅう》すれば通ず」という言葉のとおり、高いハードルであるからこそ懸命に考え、その果てに浮上してくるものだとも言えます。

考えてみれば、奇跡のＶ字回復やイノベーションとは、すべてこれ以上のどん底はないという状況から生まれています。

「お金がない」「時間がない」「人がいない」といったマイナス要因があるからこそ、それを解決しようとして考えに考えます。すると知恵が湧いてきて、上手くいくわけです。ハードルがとても高いように思えるかもしれませんが、これが、私どもｆ－Ｂｉｚが常に行っていることでもあるのです。

column

斜陽産業から生まれた高品質お掃除グッズ「ほこりんぼう！」

「下請けから脱却し、独自性ある商品開発を行いたい」そう言って相談にみえたのは、全国の紡績工場に綿ぼこり除去製品を納めていた「株式会社イトー」（静岡県島田市）の伊藤正一さん（現・代表取締役社長）でした。

紡績工場自体の海外転出もあって、同社の売上は年々減っている状態でした。

初回の相談ですぐには「強み」が見つからなかったため、「箇条書きでいいので御社の強みを書いてきてください」と、宿題を出しました。

翌月、彼が書いてきたメモに私は釘付けになりました。

同社が製造していたほこり除去製品は、静電植毛という独自の技術によって、一度キャッチした綿ぼこりを逃さないつくりになっていて、これを製造しているのは同社のみということがわかったからです。まさに、国内オンリーワンの技術だったのです。

このとき私は、「綿ぼこり」というキーワードから、家具の裏側など掃除がしにくい場所にあるコンセントに綿ぼこりがたまって起きるトラッキング火災のニュースを思い出しました。

そして、プロユースの技術を活かした、極めて狭いところ専用の綿ぼこり除去スティックとして、一般消費者向けに商品化できるのではないかと考えました。

伊藤さんにそのことをお話しすると、彼も大きな期待を寄せ、すぐに試作品作りにとりかかりました。

しかし、ひのきの棒に白い繊維を植毛しただけといった、既存のほこり取りグッズには到底かなわない代物だったことから、その後、試作品作りにはかなり時間を費やすことになりました。

また、この商品は高機能ではありますが、ともすれば既存のお掃除グッズと同類に扱われる可能性も懸念され、一般向けとしての販売にあたり、ターゲットをさらに意識する必要がありました。

要は、ホームセンターやスーパーに並ぶ「掃除用品」ではなく、東急ハンズやロフトなどで扱われる、「掃除にもこだわりを持つ層が購入する〝お掃除グッズ〟」にするにはどうするかということです。

そこで、ブランディングで数々の実績を持つｆ‐Ｂｉｚ副センター長の杉本が中心となり、具体的なプランを立てていきました。

業務用を一般ユーザー向けにするには、消費者目線で考えることが欠かせませんが、とくに大事なのが女性の購買意欲を高めるイメージ作りです。

それには、「わかりやすさ」「使いやすさ」「デザイン性」の3つがポイントとなります。

そこで、女性の意見も取り入れるなど試行錯誤を重ね、植毛部分をピンク・黄・茶にカラーリングし、サイズはバッグにも入る45㎝にしました。

ちなみに、「ほこりんぼう！」という商品名で、キャラクターの「坊」と「棒」をかけることによって、イメージしやすい工夫がされ、かつ、どこか可愛らしいニュアンスで女性にも受け入れやすくなっています。

こうして完成した試作品を伊藤さんの友人知人に家庭で試用してもらったところ、子供たちが率先して掃除を手伝ってくれるということがわかりました。そこで、子供目線も考慮し、パッケージの台紙に使い方を説明するマンガを掲載しました。

商品化された「ほこりんぼう！」は、東急ハンズ新宿店で実演販売が決まり、いざ販売したところすぐに完売。間もなく全国各店での取り扱いが決定しました。その後も、松坂屋百貨店や大手通販会社からの引き合いなど、次々と販売先が決定しました。

また、一般向けのみならず、紡績工場以外の綿ぼこりに悩まされている企業からの要望も舞い込むようになりました。

最近では、東京スカイツリーの足もとの東京ソラマチにオープンした実演販売店「デモカウ」でも扱われるなど、不動の人気を誇っています。

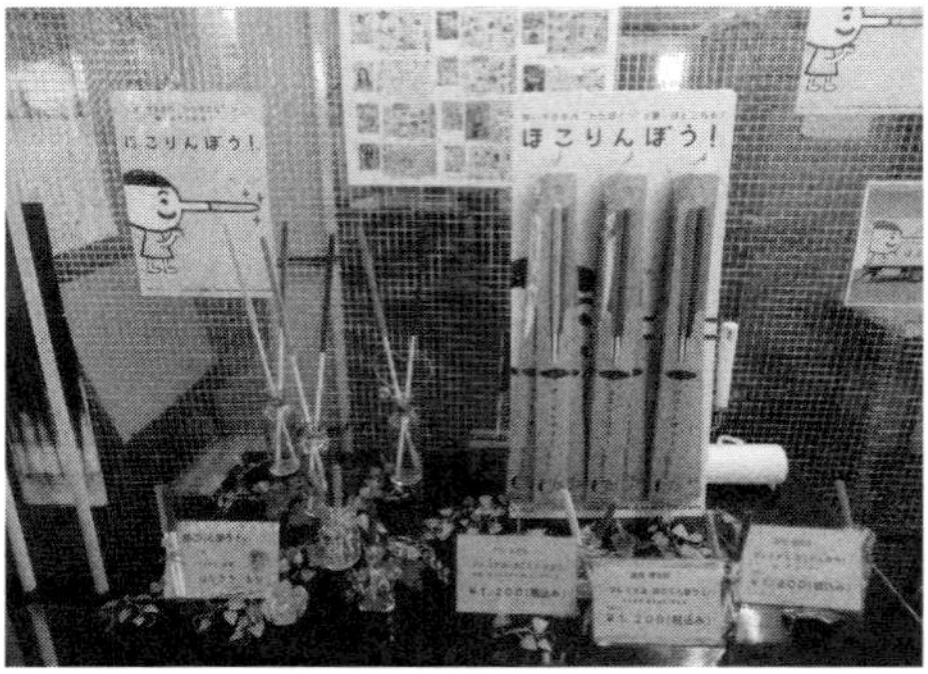

株式会社イトー

代表取締役社長　伊藤正一

事業内容　静電植毛・打抜加工

所在地　静岡県島田市元島田9106

第3章

自分だけでやらなくていい

自社にないノウハウは他社との連携で

自社にない技術やノウハウは、他社の力を借りるというのも手です。自分だけですべて抱え込む必要はありません。まったく別分野の企業や団体などと連携することでビジネスチャンスが大きく広がるケースがあります。

連携を行うにあたってのポイントは、お互いにメリットがあり、相乗効果を生むものであることです。

第1章で述べた、2003年に開催された静岡国体において、期間中の10日間に3万食が完売した大ヒット「スポーツ弁当」のケースも、じつは連携による力が大きく働いています。

公認スポーツ栄養士というオンリーワン要素だけでは、商品開発はできたとしても、これほど大量の弁当を作って販売することはできません。そのため、公認スポーツ栄養士であるこばたてるみさんが開発したレシピを、静岡県最大手の弁当・惣菜チェーン「天神屋」さんにお願いして、製造・販売したのです。

弁当・惣菜屋さんからしてみれば、「スポーツ栄養学」なる知識はありませんし、その知識に基づいた弁当を作るという発想も思いつかなかったことでしょう。

それが、一緒に力を合わせたことで「１＋１＝∞」と言えるほどの相乗効果を生んだのです。

今、農林漁業者の所得向上を目指した６次産業化への取り組みが国をあげて進められていますが、これなどもやはりうまく連携することで成果を上げることができます。

たとえば農家とクレープ店との連携による成功例です。富士山麓でイチゴを栽培する生産者の方と、ブルーベリーを栽培する生産者の方から、「自分たちが提供している料理に自信がない」という相談を相次いで受けたことがありました。

相談にみえたお二人の女性は、果樹農家の仕事のかたわら、自分たちが作っている果物を使ったスイーツ等を提供する農家レストランをそれぞれに営んでいました。

やはり飲食店は「美味しさ」が第一。物珍しさから一度はお客様が来たとしても、美味しくなければリピーターにはなってもらえません。

その道のプロと連携をはかったほうが効果的だと考え、富士市ほかに店舗をいくつか構えるクレープ専門店「オレンジポット」さんにお願いすることに決めました。

同店の経営会社社長もｆ‐Ｂｉｚには何度か相談にみえたことがあり、「地元の農業を活性化する事業に取り組みたい」と意欲的に話していたことを思い出したからです。

双方のニーズが合致したことで、クレープ店と生産農家さんのコラボレーションが実現しました。

生産者のお二人は「プロの技を習得し新メニューを開発して客層を広げる」という希望を叶え、一方のクレープ店は、地元農家の新鮮な果物を使用した新メニューが店頭に並んだことで、他社との差別化、新規顧客の開拓ができました。

この事例はその後、６次産業化推進のモデルとして多くのメディアに取り上げられることにもなりました。

同業者同士の連携でトレンドを生む

創業相談で多いのは圧倒的にサービス業ですが、中でも多いのが、どの時代においても美容室だと言われています。いつかは自分のお店を持つ、ということを自然に目標にできる業界だからではないかと考えられます。

ｆ‐Ｂｉｚには、起業を目指す方々を対象に創業相談を行なう「ｆ‐Ｂｉｚ ｅｇｇ／エフビズエッグ」が併設されているのですが、そこへ来られた、美容室「ＯＮＥ ＨＥＡＲＴ ＳＰＡ ＆ ＳＡＬＯＮ」（富士市）の吉岡希巳江さんは、もともとパートで美容室に勤務していました。

ヒアリングの中で、彼女がシングルマザーであり、お子さんとの時間を増やすために独立開業を決意したことがわかりました。素晴らしいチャレンジに、私どももも何とか応えたいと思いました。

それから数ヵ月後、まつげエクステサロン「プリンセスローズ」（富士宮市）の後藤遥実さんと、美容室「カミューズバルーン」（富士市）の渡邉薫さんがｆ‐Ｂｉｚ ｅｇｇに来られました。奇しくも、お二人もシングルマザーでした。

奇しくもと書きましたが、同時期にこの３人がそろったということは、ひとつの大きな時代の傾向、トレンドとして捉えることができるのではないでしょうか。

実際、社会的にもシングルマザーの抱える現状が大きくクローズアップされています。

そこで私どもは、彼女たちを支援するとともに、同じ境遇にある女性たちに対し、メッセージを発信することを考えました。

かつてのように、シングルマザーだからといって社会的弱者だと決めつけられることは少なくなったとはいえ、女手ひとつで家計を支え子供を育てていくのは大変なことです。「それでも生き抜いていこう、ともに堂々と胸を張って生きていこう」という、がんばっている彼女たちからのエールは、社会に対しての大きなメッセージになるはずです。

f‐Bizが目指している企業支援の姿とは、単に起業の成功や中小企業を元気にすることのみならず、チャレンジすることの大切さを世に問うことでもあります。

さらに言えば、バリアフリーやLGBT支援といった社会問題に対しても、偏見をなくしたいといった思いを込め、私どもはプロジェクトを発信しています。

その後、彼女たちの創業の経緯が地元の新聞で取り上げられ話題になりました。

一美容業者の創業が新聞で大きく取り上げられることはまず考えられないことですが、シングルマザー3人がそろったことで大きな共感性と話題性があったわけです。

境遇の同じ者同士の集まりをトレンドとして捉えたことで、社会性のある話題として結び付けられたのです。

お金がなければ公的支援制度を使え

ｆ-Ｂｉｚに相談に来られる企業の中には、崖っぷち、あるいはすでにどん底状態であるところが少なくありません。

そのような会社の社長さんは、朝から晩までとにかく無我夢中で働いています。それでもどうしようもなくなり、まさに駆け込み寺へ飛び込む勢いで私どものもとへ相談に来られるわけです。

こうした、ギリギリ極限状態の中で奮闘している方々には、国や県の補助金をあてにするなどというおんぶに抱っこの依存型の人はいません。何とかして生き残りたいという切なる思いで、経営者である自らが必死に働いています。

ですから私どもでも、相談を受けたその瞬間から、「その人の人生、そしてそのご家族、従業員の方々の人生を預かっているのだ」という思いを胸に刻み、懸命にサポートを行っています。これは、どの相談者に対しても変わりません。

サポートは、ＩＴやマーケティングのスペシャリストをはじめ、コピーライター、デザイナー等々、スタッフが一丸となってのぞんでいますが、時には、自分たちの専門性や知識、経験だけではカバーできないケースもあります。

このようなときには、中小企業庁の企業支援ポータルサイト「ミラサポ」など、国や県が行っている支援事業の中から活用できるものを探し出し、相談者に提案することがあります。

「ミラサポ」は私どもでも活用頻度が多いサイトです。このサイトにはさまざまな専門家が登録されていて、経営課題にあった人材を無料で派遣するというサービスがあります。たとえば、ヘルシーな新メニューを開発したい場合、管理栄養士の派遣を依頼し、栄養学的な面からのアドバイスをもらうことができます。海外進出を視野にいれている企業なら、現地事情に詳しい専門家にいろいろ相談にのってもらうことができます。

製造業において、専門的な技術や知識について相談したい場合は、各都道府県にある工業技術センター（名称は都道府県により若干異なります）を活用する方法もあります。

また、企業にとって設備投資は何より大切な問題だと言えますが、これについて私どもでは、公的補助金や助成金の活用が有効だと判断した場合に限り、積極的にその活用を勧めています。

前述の「ミラサポ」にもいくつか紹介されていますので、必要に応じて活用するのもひとつです。

農商工の連携には優遇措置も

連携は企業と企業、人と人のみならず、農業と商業といった異なる産業間というケースもあります。

農林水産省と経済産業省においては、その地における貴重な資源を活かして地域経済を活性化すべく、農林水産業者と商業工業者等の連携に対し、さまざまな取り組みを行っています。

そのなかには、（農商工等連携促進法により）地方農政局と経済産業局で認定した事業計画について、補助金や融資、信用保証、設備投資減税等の支援が受けられるものもあります。

これまで単独では提供が難しかった商品やサービスについて、農林漁業者と中小企業者が互いの技術やノウハウを持ち寄ることで、新商品やサービスの開発、販路拡大等が期待できるとして制定されたもので、該当する相談者に対しては私どもでも積極的に申請することをすすめています。

ただし、安易に補助金に頼るべきではありません。目的が補助金や助成を得ることになってしまうと、一時的には経営状態が良くなっても、一過性で終わってしまうことがあります。むしろ、かえって上手くいかなくなるケースが多いように見受けられるのです。

補助金や助成金とは、本業を活性化するためのものだと心得たうえで上手に活用しましょう。

そのためには、今後のビジネス展開において明確な戦略を持っているかどうかがとても重要だと言えます。より大きな成果が得られるよう、販路拡大やブランド力のアップ、連携者とのマッチング等々、戦略を練り上げることをまずは考える必要があります。

展示会・商談会出品より、商品を売れるモノにすることが先

販路を開拓して売上を伸ばすやり方として、商談会やマッチングフェアを利用するという方法もあります。

東京ビッグサイト等で開催される大規模なものから、地域の○○センターのような施設で行われるもの、金融機関が主催するものなど、さまざまなものが全国各地で開催されています。

多くの人は、こうした商談会に出れば「売れるようになる」と考えがちです。会社や商品の認知度が上がることで今よりは売上がアップするだろうと考えるわけです。やはり金融機関でもそのように捉え、商談会等を開催しているところが多く見受けられます。

そのやり方を否定はしませんが、そもそも、商品やサービスが売れるのは、それらを買いたくなる理由があるからです。だとしたら、まず取り組むべきは、イベントへの出品ではなく、商品やサービスをいかに売れるモノにするか、そのサポートが先だと言えます。

ところが、多くの場合その点が見過ごされ、イベントへの出品自体が目的といった状況になっています。つまり、売れ行きのパッとしないものをイベントで紹介することで売れるようにしようと考えているわけです。

しかし、もともと売れていないモノなのですから、いくら大々的に紹介してみたところで、売れるモノになるはずもありません。

たしかにその場は盛り上がるかもしれません。しかし、その後の売上増につながらなければ、そのイベントは成功したとは言えません。

イベント出品自体が目的になり、商談が行われただけで実質的な売上にまではつながっていないというケースが、じつは少なくないのです。

視点を変えて言えば、イベントに出品したら売れたというモノは、もともと売れる商品やサービスだったから売れたわけです。知られていなかったモノが一気にたくさんの人たちの目に触れたことで売れるようになったということです。

そうしたイベントに出品する前に、まずは売れるモノにすること、魅力作りをすることが大切です。そのうえで利用したのなら可能性は大きく広がることでしょう。

余談ですが、よく、自分のお店にお客さんが来なくなった理由として、「大型ショッピングセンターができたから」とか「自分の店には駐車場がないから」という声を耳にします。

一方、片田舎の辺ぴな所にある和菓子屋の商品が毎日午前中で売り切れるとか、車で1時間以上もかかる山間のレストランが常に予約でいっぱいといったこともよく聞く話です。

それはやはり、そこにしかない魅力があるから行くわけです。

近くに大型店があろうがなかろうが、駐車場があろうがなかろうが、買いたいと思うような魅力があれば、のれんや看板を出していなかったとしても、お客様自らが探し当ててそこへやって来るのです。

たとえば、ｆ-Ｂｉｚのある富士市には、フルーツゼリーが美味しいと評判の「杉山フルーツ」さんという果実店があります。通販は一切行っていないので、店舗へ行かなければ買えません。そのため、全国からこのフルーツゼリーを求め、地方の商店街の一角にあるこの果物屋さんまでお客さんがやって来るのです。

この様子がメディアにもたびたび取り上げられていたことから、今や全国の百貨店からも出店依頼が舞い込むようになり、都内をはじめ主要都市の百貨店でも期間限定販売が行われるようになりました。

これこそ一番望ましい姿だと思います。皆が買いたい商品、欲しがるモノを作る。イベント等の利用以前に、まずはそこを目指すべきでしょう。

連携は「1＋1＝3」以上になる相手と組む

前章で、売上を上げるためには3つのポイントがあると述べましたが、それらを実現させるためには、次の3つの知恵が欠かせません。

①セールスポイントを活かせる知恵
②ターゲットを絞る知恵
③コラボレーション（連携）する知恵

セールスポイントとターゲットについては関心があっても、連携についてはさほど重視していない人が多いように見受けられますが、これもやはりビジネスの成功には欠かせません。

コラボレーションするためには、普段からさまざまなネットワークを構築しておくことが重要です。「広く浅く」ではなく、「広く深く」お付き合いをしていて、いざというときに相談できるブレーンや人脈を作っておく必要があります。

そのために私は、次の３つのことを心がけています。

①どんな人との出会いも大事にする
②一度のチャンスを逃さない
③この人は！　という直感が働いた人物とは、とことん付き合い、信頼関係を作る

この3つのことを企業支援家になってからとくに心がけていた私は、出会った瞬間から相手の「光る部分」を見つけ出しては脳内人脈データベースに収めていました。

ところで、人脈を構築する際、無意識のうちに自分の利益だけを求めてしまう人がいます。

言うまでもなく、ビジネスにおいては「Ｗｉｎ‐Ｗｉｎの関係」が大切であり、相手にもまた、「この人と付き合うとメリットがある」と思ってもらえなければ良い関係は成り立ちません。

また、たくさんの人脈を持っていても、的確な連携ではなかった場合、思ったほどの成

果が得られなかったりします。ケースによっては、むしろその連携が致命的な失敗につながってしまうことさえあります。

連携をとるということは、「Ｗｉｎ‐Ｗｉｎの関係」になるためであることはもちろんですが、化学変化が起きたかのような相乗効果で、さらに大きく飛躍できる可能性の追求でもあります。

連携先として選ぶべきは「１＋１＝２」の相手ではなく、「１＋１＝３」以上になる相手であるべきなのです。

よく見受けられるのが、さほど実績のない相手と組んで上手くいかなかったというパターンです。

たとえば、通販業者が売上を上げようとして、検索エンジンで上位にくるノウハウを持つ名の知れたコンサルタントと組んだものの、成果につながらなかったといったケースがあります。

セミナーや講演会での実績があり名前が知られている、あるいは、ノウハウや人脈が豊富な会社であっても、本業での実績をさほど持っていないことが意外にも少なくありません。表面的な情報に惑わされず、しっかり見極めることが必要です。

第1章で紹介した「スポーツ弁当」のケースは、スポーツ栄養学の知識を持つ栄養士さんと弁当屋さんの連携で成果を挙げたわけですが、これも単純に組み合わせたわけではなく、付加価値を相当つけています。

当時はスポーツ栄養学にもとづいた商品といえば、「アクエリアス」のようなスポーツ飲料、「カロリーメイト」のような栄養機能食品、「ウイダーinゼリー」のようなゼリー類しかありませんでした。

そこが当時におけるスポーツ栄養学の使い方の限界点でした。一般の食事に相当するもの、メインとして食卓にのぼるようなものがなかったわけです。

一方、その頃の弁当惣菜業界には、栄養学的に明確なコンセプトを込めた大量製造型の弁当というものが存在していませんでした。

そうした状況下におけるコラボレーションだったことで、化学変化が起きたかのような大きな相乗効果が生じたのです。ちなみに、国はこの事例から新連携という支援モデルを作ったほどでした。

単純に組み合うのではなく、組むことで相乗効果が生まれるかどうか、大きなメリットがあるかどうかを見極めることが連携には大切です。

人脈の中にこうした要求に応えるところがないという場合は、インターネットでターゲット企業を検索することをはじめ、都道府県単位の『会社要覧』等を参考にしたり、私どものような公的企業支援機関を活用するのもよいでしょう。

ただし、どのような場合であっても、最終的な対象の絞り込みとその相手へのアプローチは、自分自身で行うことが大切です。他人任せではなく、当事者として責任を持つことにより、真剣に取り組む姿勢ができてくるからです。この連携によって自分の会社の未来が左右されると思えば、選び方にも慎重さが増すはずです。

地域と地域をつなぐ旗振り役になる

よく「隣の芝は青く見える」と言います。ごく身近にいる他者だからこそ抱いてしまう微妙な感情や競争心理といったものがよく表された言葉だと思います。

もしこれが隣人ではなく、ずっと離れた場所に住んでいるお宅の芝であれば、それほど心をざわつかされることもないかもしれません。

考えてみたらこうしたことは、個人間のみならず、地域間にもよくあることではないでしょうか。

ｆ‐Ｂｉｚは静岡県富士市にありますが、北側すぐ隣には、「富士宮やきそば」で有名な富士宮市があります。この２市にもやはり、隣の芝に悲喜こもごもといった様子が昔から感じられます。

かつては製紙業で街全体が活気に満ち溢れていた富士市からすれば、最近の隣まちの躍進ぶりは、すこし眩しすぎるのかもしれません。

ですが、遠く離れた街に住む方々からすれば、富士宮も富士もなく、どちらも富士山が美しく見える素晴らしい地域に違いありません。

お互いの良さを十分に理解して連携し、地域で盛り上がりを作っていったのなら、ひとつの街だけでは得られない、さまざまな相乗効果が生まれるはずです。

たとえば、それぞれに持っている地域の観光資源をつなぎあわせることで、これまでにない魅力的な観光ルートを作ることもできるのではないでしょうか。

２００９年にｆ‐Ｂｉｚでは、富士、富士宮エリアの観光関連企業・団体を集め、ミーティングを開催しました。

「富士山麓には魅力的な人やモノがたくさんあります。そうした資源をつなげて、これまでにない商品を生み出していきませんか」

そう提案したところ、若者に人気の川下り、お茶摘み体験、観光農園でのヘルシーな食事メニューの提案、環境教育を手がける団体と組んでの自然体験型修学旅行等々、想像していた以上に多くのアイデアが出てきました。

これまで、地域の枠を飛び越えて連携することのなかった富士、富士宮エリアですが、こうして膝を突き合わせて話してみると、なぜ今までこうした機会がなかったのかと不思議にさえ思いました。

同時に、おそらくそれは、単に「旗振り役」がいなかっただけではないかと気付かされました。

町おこしのリーダーと呼ばれているような人たちには、自分がこの町を変えていかなければならないという強い思い、自信があります。そういった意識により、なかなか他の地域と連携しようという柔軟な発想にはなれずにいるようにも見受けられます。

しかし、それぞれがバラバラにPR展開をしていくより、エリアでまとまったほうが断然パワーアップします。当然、全国への発信力も違うものになります。

ですから私は、周辺地域で素晴らしいと思う人がいたら、一緒に手を組んでやっていくのが当たり前だと考えています。自分たちだけでは成し得ないことが、きっとできるはずです。

熱意や情熱が人の心を動かす

先に、成功する人や組織の共通点のひとつに、「継続する情熱がある」ということを述べました。「情熱」などと言えば、スポ根ドラマでしか耳にしない泥くさい言葉、暑苦しい言葉に思えるかもしれませんが、やはりそれは絶対に欠かすことのできない大切な要素です。

今でこそこのようなことを説いていますが、じつは、銀行員時代の私はある意味「仕事嫌い人間」でした。たしかに、営業成績は常に一番を目指してやっていましたが、仕事がデキる人間とは最短の時間で目標を達成できる人だと思っていました。残業や休日出勤は絶対にしたくなかったし、していませんでした。

あたかもゲームのように、いかに効率よく成績を上げられるかということばかりを考え、与えられた仕事をクールにこなしていました。

そんな、情熱のかけらもなかった私は、41歳で「SOHOしずおか」に出向したことで、これまでの仕事に対する信念や価値観が根底から覆されることになったのです。

まず驚いたのは、銀行員時代にはあった厳格なマニュアルや達成目標が、そこには何もなかったことです。

県の担当者の方に、「小出さんの好きにやってください。楽しいにぎやかな施設になるといいですね」と笑顔で言われたきり、立派な施設の中にいきなりポーンと放り込まれたような状態でした。

正直、自分にはこの任務が全うできないと思いました。しかし、年齢的にも次のステップは管理職という、銀行員として一番重要な時期でした。何とかして成果を挙げて銀行に戻らなければならないという状況にありました。

一人で一からアイデアを考えて企画を立て、それを実行し、結果に結びつけるということを、早朝から夜遅くまで土曜も日曜もなくやっているうちに、その施設に入居している起業家の皆さんと今の自分は一緒だと気付きました。

ただし、入居中の起業家の皆さんの場合、同じように日夜働いていても、収入は銀行員である私の1／3程度。ブラック企業どころの話ではありません。にもかかわらず、なぜかどの人もイキイキ輝いて見えました。これには内心とても驚いたのです。

自分もまた一起業家だと実感させられた出来事がもうひとつあります。

それは、挨拶《あいさつ》を兼ねて営業で外回りをしたとき、以前なら誰もが「静銀さん」と言って迎え入れてくれていたのに、銀行員のバッジを外したとたん、手のひらを返したように受け入れてもらえなくなったことです。

日本の大企業至上主義、偏差値主義の現実を身をもって知り、日本中の中小企業、小規模事業者の皆さんもこのような目にあっているに違いないと思いました。

常に私が「小さきものをバカにするな！」と言い続けて、支援相談にあたる際は必ず「相手に対するリスペクト」を忘れずにいるのは、こうした経験があるからです。

私は、この起業家育成施設を中小企業、小規模事業者の相談場所にすることを考えました。それにより、ここにいる起業家の皆さんとのコラボレーションが実現するのではないか、地域中小企業の活性化にもつながるのではないかと思ったのです。

そうこう奮闘しているうちに、はたと思いました。

「地域とともに夢と豊かさを広げます」

これは静岡銀行の経営理念ですが、まさに今の自分の目標であり、求めているものではないかということです。

入行して20年近くたって、やっと経営理念が腑に落ちたわけです。そこからますます仕事にのめり込んでいくようになり、仕事がワクワク楽しいものになっていきました。

あるとき元同僚に、「そこまでしてがんばっても、銀行内の人事評価には大してつながらないよ」と言われ、そこで初めて「あれ？　そういえば自分、結構働いているかも」と気付きました。もはや銀行内で誰よりも早く昇進したいという気持ちは薄れていました。

自分でやり方を考えて自分の意志でやっていくのは厳しくても楽しいのです。入居中の起業家の皆さんが日夜がんばる理由も、意気揚々としていて輝いて見える理由もわかりました。

自分の考えや意思にもとづいて行うのが「仕事」であり、与えられた課題をこなすのは「作業」だということ。かつて銀行内において自分は「仕事」ではなく「作業」をしていたのだと、だから楽しくなかったのだということにやっと気付きました。

意欲的に仕事をしていると、地域の中小企業、小規模事業者を巻き込んでの起業家支援策が成果を生み始め、全国の成功モデルとして創業専門誌から取材を受けるようになりました。

さらに2005年には、「ジャパンベンチャーアワード」という、中小企業庁主催のベンチャー支援を評価する部門で経済産業大臣表彰を受賞。いつしか、成果を挙げて銀行に戻るという思いは、「新たなセクターにおける創業支援の圧倒的な成功モデルを作る」という情熱に変わっていました。

この情熱が多くの人の心に飛び火し、f－Bizでの成果につながり、それが今は全国に「ご当地ビズ」として広がり続けているのだと言えます。

f-Bizの成果もチームワークの賜物

f－Bizの成果はチーム一丸となっての賜物で、言うまでもなく、私ひとりの力では到底成し得ないことです。

先にも少し述べましたが、杉本副センター長は現役のコピーライターです。静岡県内において最もマーケティング力、ブランディング力のある人間だと私は確信しています。

他にも、創業支援に強い中小企業診断士、プロダクトデザインやアートディレクションに強いデザイナー、かつて老舗百貨店のバイヤーとして腕を振るっていた税理士、ＩＴの専門知識を持ったマーケティングのプロと、私どもでは異なる専門性を持ったアドバイザーが連携して支援にあたっています。

また、それぞれが互いのノウハウを学び合うことでのシナジー効果も大きく、より高いビジネス支援を可能にしています。

よく私は、支援家のエキスパートのように言われることもありますが、弱点もあれば限界もあるわけです。これは誰にでも当てはまることでしょう。

そのため、自分に足りない要素は何か、それを補ってくれる人材はどのような人なのかを客観的にながめ、戦略的にチームを作っていくことがパフォーマンスを上げていくうえで重要だと言えます。

そのようなチーム、あるいは連携を実現するためには、自分自身もまた相手に選ばれる人材である必要があります。そのためにはやはり、専門的な強みを持つことが重要ですが、同時に相手に「信頼感」を持ってもらわなければなりません。

信頼感を持ってもらうためには、相手のことをリスペクトし、「あなたのことを教えてください」という姿勢でのぞむことが大切です。

具体的には、「今の仕事についたきっかけは何だったのですか？」「この事業が始まったきっかけはどういう経緯だったのですか？」などと話を聞かせてもらい、相手の反応を見ながら、話題をさらに深める質問をします。「話しやすい人だ」と相手に思ってもらえるようにするのです。

そして、こちらの意図を伝えるためには、「相手に理解し、納得してもらうことを意識する」ことです。相手の思いや希望を無視し、自分の考えを押し付けることがないよう、相手の反応を見ながら、分かりやすく丁寧に伝えることが大切です。

絶対に、一方的に話したり、相手の話を遮ったり、否定的なことを述べてはいけません。

企業支援を行っている仲間に対して私はよく、「自分のファンになってもらうように」とアドバイスしていますが、これは、経営者であれ入社1年目の社員さんであれ、誰にでも言えることです。

たとえ最初は相手にわかってもらえなかったとしても、知恵を絞り「あなたと一緒になってこの事業を成功に結びつける努力を惜しみません」というメッセージを伝え続けることが大切です。その誠実さや情熱は必ず相手の心を動かします。

その誠実さや情熱の元となるのは、先にも述べたように、「理念」の確立であり、それによって「仕事」を行っているかどうかにあると言えます。

column

町の豆腐屋さんがアイデア伝統食で起死回生

大量生産で安価な商品を卸す大手業者に押され、市内の豆腐店が苦境に立たされる中、静岡県豆腐油揚商工組合富士支部の皆さんと「金沢豆腐店」店主の金沢幸彦さんが、打開策を求めてｆ－Ｂｉｚに相談にみえました。

この豆腐店のみならず、売上低迷の理由について、「大型店や量販店ができたから」「うちは駐車場がないから」「大量生産の値段にはかなわない」といった声をよく聞きます。

そこで私がよく言うのが、交通の便の悪い場所にあっても人気のレストランもあれば、高めの価格設定でも客足の途絶えないスーパーもあるということです。それがなぜかと言うと、その商品やサービスに魅力があるからに他ならないからです。

では、どのようにして魅力を作っていけばいいのか？

相談にみえた時点で金沢さんは、「味付けがんも」を特産品として売り出すことを考えていました。

「味付けがんも」とは、通常のがんもどきの具材の中に砂糖が入ったドーナツのように甘いもので、富士地域で昔から親しまれている伝統食です。

素晴らしいアイデアだと思う一方で、それだけでは現状を打破できるほどの効果は上がらないようにも思えました。

まずは、豆腐の主原料である大豆の強みとトレンドを調べてみることにしました。すると、大豆はたんぱく質が豊富であること以外に、イソフラボンという女性ホルモンと似た働きのある成分が含まれている健康食材であることがわかりました。

そこでターゲットを、ヘルシーなものを好む女性に絞り、「スイーツがんも」というコンセプトで新たに商品を作ることを提案しました。

また、その商品として、味付けがんものサンドイッチを提案。濃厚で味わい深い甘味が、パンにもマッチするのではないかと考えたからです。これには根拠がありました。かつてアメリカを旅したとき、サンフランシスコの自然食スーパーで食べた豆腐バーガーが想定外に美味しかったという記憶があったからです。

後に金沢さんは、「斬新なアイデアに初めは戸惑った」と述べていますが、試作品作りまで私どもが買って出たことでヤル気に火がついたといいます。

じつは、ｆ‐Ｂｉｚの司令塔とも言える事務局長が、かつて料理人をめざして老舗ホテルで働いていたという経歴の持ち主で、調理師免許も取得しています。だから自信満々で提案してみたのです。

そして案の定、試作品のサンドイッチが美味しかったことから、商品開発が本格始動しました。

金沢さんは最初、パンを自分で作るところから考えていたのですが、そこはプロである地元で評判の老舗パン店「小麦畑 松林堂《しょうりんどう》」さんと連携するように提案しました。

このプロジェクトの話を聞き、味の決め手となるソース開発に手をあげてきたのが、地元で人気の創作居酒屋「遊々庵」さんでした。

こうして完成した新商品は、ターゲットである女性を意識し、「富士がんもいっち」と命名されました。

その道のプロが力を合わせて生み出した商品はやはり完成度が高く、町の豆腐屋さんが再起をかけて売り出す新商品として申し分のないものになりました。

ただし、新商品の売上の伸びは、発売時点でどれだけ注目を集められるかにかかっています。

そこで、地元メディアとターゲット層である女性の方々向けに試食会を開催することにしました。

その際、金沢豆腐店さんにはSNSを使って募集の呼びかけをお願いし、私どもでは、マーケティングの仕事なども手がけていきたいといって相談に来られていた、子育て中の母親の皆さんが運営する「NPO法人母力《ははりょく》向上委員会」さん（富士宮市）に声をかけることにしました。

これにより、当日は、ターゲット層である女性が30名程集まり、親子ともども「富士がんもいっち」に舌鼓《したつづみ》を打つ様子が地元メディアを通じて報道されました。

すると、店頭販売開始の当日は、開店前から店頭に行列ができ、商品はあっという間に完売。これがさらに話題を呼び、発売から3ヵ月後、人気テレビ番組「秘密のケンミンSHOW」で紹介されました。結果、県外からもお客さんが来るという、予想外の展開になりました。

現在は、味付けがんも自体を扱うお店も増え、大手スーパーでも販売されるなど、地元の豆腐業界を活気づけています。

金沢豆腐店

代表　金沢幸彦

事業内容　豆腐、がんもどき、揚げ等、大豆加工食品の製造販売

所在地　静岡県富士市今泉4-1-13

第4章

お金をかけずにPRする方法

オンリーワンはメディアに好かれる

良い商品を開発しても、その存在が多くの人に知られなければ売れることはありません。しかし大企業でない限り、大量の宣伝費なんてかけられません。そんなときに有効なのが、メディアを活用することです。

メディアの影響力には計り知れないものがあります。そのことを実感したのは、企業支援の仕事を始めて半年以上経った頃でした。

伝統を受け継ぐ下駄屋さんからの売上増の相談を受け、「ＳＯＨＯしずおか」に入居していた起業家さんとの連携で支援を進めていったところ、都内の老舗百貨店やファッションビルに販路が拡大し、飛躍的進展をとげたことがありました。

とくに、『日本経済新聞』で大々的に取り上げられたときには大きな話題になりました。「ＳＯＨＯしずおか」の認知度は飛躍的にアップし、評価も一変。その後の展開を加速させたターニングポイントとも言える出来事でした。

じつはそれまでも記者の方に対し、「こんなユニークな仕事を始めた人がいるんですよ」

などと連絡を入れたことが何度かありました。しかし、「うちは宣伝記事は書きませんよ」と、シャットアウトされるケースも少なくなかったのです。

しかし、そうやって上手くいくこといかないことを何度か繰り返しているうちに、徐々に見えてくるものがありました。

ニュースになる情報の切り口は何かと考えたときに見えてきたのが、３つの構成要素でした。

①ニュース性・話題性のあるもの
②社会性のあるもの
③共感性のあるもの

つまり、組織や個人の「強み」がこれらのいずれかに当てはまっていれば、メディアにも注目されやすく、こちらの伝える情報のオリジナル性が高ければ市場の反応も大きくなるのです。

メディアは常にニュースを探している

メディアが関心を持つ3つの構成要素のうち、まず、ニュース性・話題性について述べます。これは「日本初」「県内初」「業界初」といった新しい仕組みや技術、ありそうでなかった付加価値、ユニークなサービスや商品といったものになります。

商品やサービスそのものではなく売り方が初めてというケース、あるいは社長のキャラクターそのものがオリジナリティに溢れているといったことでもいいのです。

また、老舗企業でよくみられるのですが、伝統の商品を看板として掲げながら、消費者が興味をひく新しいものを投入するケース。これもニュース性・話題性があります。

第1章で紹介した「スポーツ弁当」の事例がそうで、わが国において、栄養学的に明確なコンセプトを持つ大量製造型の弁当というのは2003年頃までほとんどなかったことから、とても大きなニュース性・話題性がありました。そのため、開発段階からメディアが興味を持って取り上げてくれていました。

販売デビューが同年に静岡県で開催された国体だったことで、期間中の10日間で3万食もの弁当が売れました。このことがさらなる話題として報じられ、最終的には、弁当・惣《そう》菜《ざい》業界に大きなインパクトを与え、その後の流れを変えたとも言われています。

先の金沢豆腐店さんの例もそうです。独特の甘みがある「味付けがんも」の歴史は古く、じつは100年以上も前から作られていて、古くは仏事用として出されていました。それが昭和40年頃から日常的にも食卓にのぼるようになり、富士市で生まれ育った私なども子供の頃から食べていました。

そうした伝統食が、「スイーツがんも」というコンセプトで、サンドイッチになってしまったのです。地域の人たちにとってはやはり驚きであり、話題性があったはずです。

社会性のあるビジネスは強い

社会の変化の中で起きてくる事象に敏感に反応し、先取りして、それに応えているビジネスもメディアに取り上げられやすいと言えます。

たとえば、昨今、人手不足に陥っている介護支援分野において、ニーズに合致した介護支援サービスの提供で急伸した企業、急増した「社会問題解決型」のNPO法人や社会起業家に対し、専門的にサポートするファンドを立ち上げた企業などです。

子育て支援に対するサービスや、障害者支援、高齢者支援に応えるものも、今の社会には求められています。また、今なら東京オリンピックに向けてのビジネスもあるでしょう。

「M&Yインタートレード株式会社」さん（富士市）の事例を紹介します。この会社は、大手企業の商社マンとしてタイ駐在経験のある安藤嘉晃《よしあき》さんが、タイ出身の奥様とともに立ち上げた貿易会社です。お二人は、趣味の雑貨を扱って「タイと日本を結ぶ架け橋になりたい」ということで、f‐Bizに相談に来られました。

このとき私の脳裏には、「タイ」というキーワードから、タレントのはるな愛さんが以前、ビューティコンテストで優勝したことや、LGBT（性的少数者）の先進国であるというイメージが浮かんできました。

LGBTとは、Lesbian（レズビアン／女性同性愛者）、Gay（ゲイ／男性同性愛者）、Bisexual（バイセクシュアル／両性愛者）、Transgender（トランスジェンダー／生物学的な性別と違う性別で生きたい人・心と身体の性の不一致を感じている人）の頭文字からきている言葉です。当時、渋谷区で全国初となる、同性カップルに対する「結婚に相当する関係」が条例案で提出されるなど、急速に注目が高まっていました。

ＬＧＢＴは４タイプですが、タイには18の性別が存在していて、学校のトイレが３タイプに分かれている所もあること。性的少数者への偏見や差別があまりないこと。百貨店にはＬＧＢＴ向けの衣料品売り場があること。日中は男装、女装で仕事をしている人も多いこと……。お二人の話から、タイがＬＧＢＴの方にも暮らしやすい国であることがわかりました。

一方、さまざまな機関の調査によれば、日本人の８％がＬＧＢＴだといわれています。これは１００人に８人ということですから、けっして少なくない数字です。にもかかわらず、タイと比べても明らかに日本はＬＧＢＴ支援における後進国です。

そこで私は、この状況を背景に、タイからのＬＧＢＴ向け衣料品の輸入販売を提案しました。

問題を理解した二人は、すぐにＬＧＢＴ向け衣料品の取り扱いをスタート。記者発表会をｆ‐Ｂｉｚが企画立案したところ、注目を集めていた社会問題であったことから取材が殺到しました。

行政のみならず、２０１７年には経団連でも「ＬＧＢＴへの取り組みの重要性」を提言し、企業側への対応を求めています。

社会性あるビジネスは、メディアに支持されるのです。

共感されるビジネスは記者も応援してくれる

個人的にも社会全体としても応援したくなるようなサービスや商品は、メディアの伝え方にもいっそう力が入っているように感じられます。記者自身が、やはりそのことに深く共感しているからではないでしょうか。

商品やサービスのみならず、多くの人に共感されるキャラクターを持つ人物、また、その人物の人生そのものに強いオリジナリティやドラマ性がある場合も、やはり注目が高まります。時代の寵児と言われるような経営者たちの多くにも、やはり共感を呼ぶ物語があります。

看護学校在学中に、抗ガン剤の副作用にともなう脱毛に悩む方々のために、自然で気軽に使えるウィッグを提供したいという一心で起業した女性がいます。彼女、佐藤真琴さんは、「社会に役立つ仕事がしたい」と思いながらも、明確な目標がつかめないまま学生時代を過ごし、その後、アメリカへの語学留学を経て地元浜松市で広告会社に就職するも、やりがいを得られずにいました。

看護師だった母親の影響もあり、25才で看護学校に入学することを決意した彼女は、そこで一人の白血病患者さんと出会い、人生の転機を迎えます。

その患者さんの頭髪は、副作用によりほとんどが抜け落ちていました。しかし、「かつらを買ったら子供に残すお金がないから」と我慢し、外出もできないまま亡くなってしまったのです。

辛い治療に耐えたうえ、さらに我慢を強いられるこの過酷な現状に疑問を感じた佐藤さんは、その後、かつらについて調べ始めました。

すると、一定の品質を保ち、耐久性のあるかつらとなると、日本のどのメーカーのものでも数十万円もすることがわかりました。低価格のかつらの必要性を強く感じた彼女は、在学中の夏休みを利用し、中国の工場に単身乗り込みました。そして、人毛１００％の高品質なかつらの生産契約を結んだのです。

そして、たった5万円の資金で「ヘアサプライピア」（現：株式会社ＰＥＥＲ／浜松市）を創業。大手メーカーのものと比較してもそん色のない同社のかつらは、カット込みでも従来品よりだいぶ低料金で提供することができました。

しかし、それが思うように売れないというので、２００５年に私どもへ相談にみえたのです。

彼女のこの開業にまつわるストーリーに私は心から共感し、ここにこそ光を当てるべきだと考えました。

「儲けたいとは思いません。ただ抗ガン剤の副作用に悩む人たちの力になりたい。今後は患者さんのＱＯＬ（生活の質）を上げるために、かつらだけではなく、病院以外でもメンタルケアできる場所を作っていきたい」

彼女の熱い思いに突き動かされるように、私どもは新聞記者や報道関係者に、彼女のストーリーを紹介しました。

間もなく、女性起業家としてさまざまなメディアで紹介されると、やはり多くの人たちの共感を呼びました。患者さんやそのご家族からの注文のほか、佐藤さんのかつらを販売したいという声も相次ぎました。

彼女は後に、静岡県「男女共同参画社会づくり活動に関する知事褒賞」、日経ＷＯＭＡＮ「ウーマン・オブ・ザ・イヤー２００９」、全国商工会議所女性連合会「女性起業家大賞 スタートアップ部門特別賞」を受賞したほか、経済産業省ソーシャルビジネス55選にも選ばれました。

２０１３年には内閣府男女共同参画局「平成25年度女性のチャレンジ賞」を受賞。翌年は静岡県ニュービジネス協議会「静岡県ニュービジネス大賞特別賞」を受賞しています。

「ニュースリリース」でメディアにPR

では、具体的にどうやってパブリシティ戦略を進めていけばいいのか？

ｆ‐Ｂｉｚで実際に行っている例で紹介すると、私どもでは、新サービスや商品をメディアに取り上げてもらうために「ニュースリリースを作ってメディアへ送る」ためのアドバイスを行っています。

盛り込む内容はとくに変わったものではありませんが、受け取る相手は日々大量の情報を扱うメディア関係者ですから、一番の「売り」がパッと見て伝わるものであることが重要です。

そのためにまずは、消費者がすぐに認識してくれる商品名やキャッチコピーに強いインパクトを持たせることが大切です。一瞬で「これは面白そうだ！」と思ってもらえるかどうか、です。それが結果的にメディアの目にもとまりやすいものになります。

ニュースリリースは、一から順にわかりやすく説明ができていても、最後まで読まなければ一番の魅力がわかってもらえないような内容はＮＧです。

では、どのような切り口であればニュース記事になるのかと考えていくと、３つの構成要素が見えてきます。

そうです、前述した「ニュース性・話題性」「社会性」「共感性」です。私どもではこの３つのことを意識しながらニュースリリースを作っています。

このことをセミナーや講演会でお伝えすると、「小さな会社や個人であっても、メディアにニュースリリースを送ることができるのですか？　受け付けてもらえるのですか？」と、質問を受けることがあります。

先にも述べましたが、メディアは常にニュースを探し求めています。小さな会社や個人からの情報提供であっても同様です。提供したことがないとしたら、もったいない話です。作成したニュースリリースを送る際は、たとえば、同じテレビ局でも番組ごとに窓口が違っているので、それぞれをリストアップして送るようにします。

今は番組ホームページに窓口を設け、「情報を求めています」と明記しているところが多くあります。新聞にも特定の情報の送り先が明記されていることがあります。またそういった表記がなくても、テレビ局や新聞社のホームページの中には必ず、所在地やメールアドレスが記載されているので、そこに送ることもできます。

記事は記者が書いている

もし運よく興味を持って記事にしてくれる記者が現れたら、その記者との関係を大切にすることです。

といっても、記者を接待しろと言っているのではありません。

私は、取材してくれた記者の記事をその後みつけたら、読んで電話をかけ、面白いね、あんなことがあるんだね、と伝えました。あなたの仕事を見ているというのをあえて知らせたり、そうした記事を確認することで、どの記者がどういう話題を追っているのかを知ろうと努力したのです。

それを何度もやっていると相手のこともよくわかるし、関係性が濃くなっていきます。何か情報を発信したいときは、誰に言えばいいかがだんだんとわかるようになっていくのです。

記事を書いているのは記者です。記者によって興味の範囲や考え方、感じ方、主義主張も様々です。

「彼ならこの情報に興味があるだろう」「彼女ならこの情報に共感してくれるだろう」ということが予測できるようになれば、パブリシティ戦略も上手くいきます。

売れる魅力作りをしたうえでメディアに出る

これまで述べてきたように、ｆ‐Ｂｉｚ発の話題は多種多様なメディアで紹介され、注目されてきました。

そのためでしょう、f‐Bizに行けば新聞やテレビに取り上げてもらえるものと勘違いして相談に来られる方が少なくありません。しかし私どもは、自分たちがサポートした案件しかメディアに紹介していないので、そのようなお申し出はお断りしています。

私どもでは、その案件がパブリシティ戦略で上手くいくだろうと考えたときにはそうした手法を取りますが、そうではない場合は、別の最適なやり方を一緒に考えていきます。

なぜなら、ヒット商品というのは、メディアに出たから売れたのではなくて、売れるモノであったから売れたわけで、まずは、売れるモノ、買いたくなるモノにすることが大切だからです。

大企業では莫大な広告宣伝費をかけて新商品やサービスを大々的に紹介していますが、それでも空振りすることがあります。市場から短期間で姿を消している商品はとてもたくさんあります。

どんなにメディアに露出しても、売れない商品やサービスはやはり売れないのです。

ただし、売れる商品やサービスがメディアに露出した場合、売れるようになるまでのスピードは早まります。メディアを通じてたくさんの人に一気に知らしめることができるようになるからです。

ですから、メディア戦略を考える前に取り組むべきは、その商品やサービスを魅力ある商品やサービスにすることなのです。

「画期的」「ユニーク」「役に立つ」等々、驚きや利便性、快適性などの魅力があるか、セールスポイントは明快か、ユーザーが本当に求めているモノであるかどうか、まずはそこをしっかりと検証したうえで、その商品の価値が効果的に伝わる体勢にすることが大切です。

そうすれば、自ずと注目されるようになり、メディア掲載の可能性も高くなります。実際、私どもでもこのようにサポートし、結果的に多くのメディアに取り上げられているわけです。

また、多くの方々は、中央メディアに出るのが効果的だと考えていますが、中小企業や小規模事業者の場合はとくに、一番の購入者は地元の方々です。地元のテレビ局、新聞社のほうが有効だと言えます。

地元では売れなくても、よそなら売れるのかもしれないと考える方もいるかもしれませんが、そもそも地元で売れていないモノを他に持って行ったとしても売れる可能性は低いのです。

中には、中国で販売したら売れるのではないかなどと考え、いきなり海外進出を目指そうとする方もいます。しかし、自分自身の立場で考えてみましょう。たとえば、フランスではまったく無名のフランスワインを日本で買おうとは思わないはずです。

アメリカで大ヒットしたドーナツやパンケーキだから日本でもヒットするのであって、そうでなければ話題にさえのぼらないでしょう。

国内においても同じことです。たとえば、お茶屋さんが、東京や大阪は大きい商圏だから売れると思って進出し、いくら静岡茶だとＰＲしたところで、今どきは何ら珍しさもないため、売れる理由がありません。

それが、「本場静岡で一番売れているお茶です」と言って販売したらどうでしょう。まったく違う売れ方になるはずです。

まずは地元で売れること、地元消費者の反応が重要です。地元メディアが大切だというのもそのためで、地元の皆さんに喜ばれる商品、サービスを作り上げることに尽力するのが、じつは一番効率的なやり方だと言えます。

SNSは必ず利用すること

皆が求めている商品やサービスは必ずヒットします。しかし、ひとつ重要な条件があります。それは、「知ってもらえれば」ということです。逆に言うと、良い商品やサービスで、皆が求める商品やサービスであっても、知ってもらえなければ売れないということです。

多くの中小企業、小規模事業者はこの部分が弱くなっています。情報が氾濫する今の時代にあっては、大企業ですらそれで空回りすることがあります。にもかかわらず、このことを重視できていない経営者が少なくありません。

今はパソコン、スマホなどの普及によりすさまじい量の情報が溢れていますから、何もしない商品は簡単に埋没してしまうのです。

そう考えると、「知ってもらう」というのは、商品作りやサービス提供の腕を磨くことより難しいと言えるかもしれません。

しかし今の時代は、誰でも簡単に情報を発信できる時代でもあります。これについてf

-Bizでは2つのお手伝いをしています。

ひとつ目は、相談者ご自身に情報発信をしてもらうことです。今の時代、SNSですぐに情報発信ができますから、これは必ずお願いしています。

小規模事業者やこれから起業しようという方には、時間と経費に余裕がないケースが多いため、ホームページが作れないという人も少なくありません。しかしSNSならお金はかかりません。

もし、ホームページを作る予定があったとしても、自らSNSで発信していくことは重要です。ブログ、ツイッター、フェイスブック、インスタグラム等、これらは無料で全世界に今すぐ情報発信ができるうえ、日に何回でも投稿できます。

業種や規模にかかわりなく、私どもでは、相談に来られた全員に取り組んでもらうようにしています。

以前、動画投稿サイトで話題になった「ピコ太郎」さんのエピソードは、まさにSNSの重要性を物語るものと言えます。なかなか知名度のあがらなかった芸人の彼が、『PPAP（ペンパイナッポーアッポーペン）』をユーチューブにアップしたところ、再生回数が1億回を超え、世界的な有名人になったことはご存じのとおりです。

もともとプロの芸人さんだからそういうことも起こり得ると考える方もいるかもしれませんが、けっしてそんなことはありません。

第1章で紹介したように、「コスプレしながらオーボエ吹いてみた」と題してツイッターで動画投稿を開始したところ、香港のイベント主催者の目にとまり、いきなり世界デビューが決定した例もあります。当時地元の短大を卒業したばかりだった「よねち」さんです。これがSNSのすごいところです。こうしたチャンスは誰にでも与えられているのです。

今の時代、中小企業や個人事業主にとってSNSは必要不可欠な「ビジネスツール」です。当然、f-Biz自体もSNSには力を入れています。ブログが3つ。公式フェイスブックの他に、私個人のフェイスブック。他にメールマガジンも発信し、それぞれ更新もまめに行っています。

・f-Bizスタッフブログ　http://fbiz.i-ra.jp/
・みんなのビジネスを応援する小出宗昭の日記　http://koide.hamazo.tv/
・日本一大きな、夢たまご。f-Biz egg　http://fbizegg.i-ra.jp/

・ｆ－Ｂｉｚメールマガジン　http://f-biz.jp/magazine　※登録サイト
・富士市産業支援センターｆ－Ｂｉｚ公式フェイスブック
https://www.facebook.com/富士市産業支援センターf-Biz-207565422617218/

２つめに私どもでは、ＳＮＳでビジネスのパフォーマンスが上がるよう、投稿内容のサポートを続けています。

ビジネスにつなげるにはやはり、セールスポイントが把握できていて、ターゲットやコンセプトが明確であることが大切です。

たとえば、ペット関連のビジネスをしているわけではないのに、可愛がっているペットの話ばかりを更新したところで、ビジネス的なパフォーマンスは上がらないはずです。ときには趣味やペットの話題を書いてもいいでしょう。しかし、取り扱っている商品やサービスの魅力、真のセールスポイントがはっきりしていて、ターゲットも明確に見えている情報が発信されれば、効果は大きくなります。

第１章に述べたハンドベル講師の大野由貴子さんの例もそうで、自分の真のオンリーワン要素に気付いたことで、どんどん筆も進み、結果、多方面から依頼が舞い込んだと言えます。

パブリシティを考える前に、まずはSNSでの発信を行ってみましょう。それをやっているうちに、パブリシティ戦略への道筋も見えてくるかもしれません。

ターゲットを絞ったブログ発信で1000万円以上売上アップ

読者の皆さんの中には、SNSは「やったことがない」とか「苦手」という方もいるかもしれません。ですが、これらは思ったほど難しいものではありません。

基本的な手順がわからない場合は、周囲で知っている人、あるいは、公的企業支援施設等に尋ねるなどし、とにかく始めてみることが大切です。

「かわむら呉服店」（富士宮市）代表の河村徳之さんの場合、ブログを開設したものの、何を書いていいかわからないということで戸惑っていました。

しかし、私どもからの、「難しいことは考えずに、ふだん自分が考えている着物に対するこだわりや想いを毎日1本、短くていいので発信しましょう」というアドバイスに応え、河村さんは書き続けていきました。すると、ブログ開設から1ヵ月もたたないうちに、固定読者が約150人になり、アクセス件数もアップ。これに伴い、ツイッターのフォロワーは500人を超えました。

そこで私どもは次なる手立てを考えました。着物業界にとって成人式は最大のマーケットだということに着目し、成人式にターゲットを絞っての情報発信を行うことにしたのです。

ただし、これはどこのお店もやっていることだし、第一、大手業者にはどうやってもかないません。そこで私どもが河村さんと一緒に考えたのは、そこからさらにターゲットを絞り込んだうえでの発信の仕方でした。

ご存じの方もいると思いますが、近ごろの成人式は、記念写真の撮影が8月頃から始まります。そのため、大手呉服チェーンでは成人式を翌年に控えた夏頃にはたいてい営業を終えているのです。

私どもはこの点に着目し、夏の時点で着物を決めている人は多くて7割程度ではないかという仮説を立てました。だとしたら、残りの3割にターゲットを絞って効果的な情報発信をしてみてはどうか？　そう考え、「今からでも間に合う」「早く決めないでよかった」

ということをアピールした情報発信を提案したのです。

すると予想どおり、いえ、予想以上に注文が舞い込み、その年の成人式商戦は1000万円以上の売上増となりました。

その後も河村さんはほぼ1日1本の情報発信を続けていて、現在の新規来店のお客様はすべてSNS経由とのこと。もともと、こだわりのある商品を扱う呉服店だったことから、隣接商圏からのお客様増のみならず、他県、首都圏からもそれらを目当てに来店されるお客様ができました。これこそまさにSNSのなせるわざです。

SNSをまだ利用していない、あるいは、ほとんど放置状態で更新していないという方は、ぜひ積極的に活用していくことをおすすめします。

ブログのネタはいたるところにある

SNSを開始したものの、思うように更新ができていない方は少なくありません。とくに、ブログを利用している方々からよく聞くのが、何を書いていいかわからない「書くネタがない」ということです。

これについては、難しいことは考えずに、ふだん自分が考えている自社の商品やサービスのこだわりや想いを気軽に書くというスタンスでいきましょう。前述の河村さんのように、書けるようになるケースが多々見受けられます。

また、ｆ‐Ｂｉｚのビジネスアドバイザーである園田正世さん（北極しろくま堂有限会社社長）が、カウンセリング業で起業したいという相談者の方にアドバイスしていたブログネタの探し方もおすすめです。

これは、新聞等で掲載されている「読者からの相談コーナー」の内容を参考にしてブログを書いてみるというやり方です。

紙面やネットメディア等の中には、「人生相談」というようなタイトルでお悩みを解決するコーナーが設けられ、職場や家族の間の問題等々、多くの人たちが抱えるリアルな悩みが寄せられています。

それらを参考にし、それに対しての自分自身の回答を示すことで、ブログを更新していけるようになるというわけです。当然、同じような悩みを抱えている方からは関心を寄せられることでしょう。

何も新聞の人生相談コーナーでなくてもいいのです。いま手元のスマホで相談コーナーを閲覧してみると、欠陥住宅だとか、お金のトラブルだとか、育児や家事での困りごと、マナーに関する質問等々、じつにさまざまな悩みが寄せられています。それらを参考案件として捉えれば、ブログも更新しやすくなるのではないでしょうか。

また、ｆ‐Ｂｉｚスタッフのウェブマーケティング担当者は、守秘義務が多くてブログ発信に困っているビジネス系コンサルタントの方に、その方が持っていた筆記用具に注目して助言しました。

「いつも仕事で使っているこだわりの万年筆とか、ここ一番というときに身につけるものやルーティン等々、そうしたことでも十分に仕事への取り組みのイメージが伝わりますよ」

二人のアドバイスは、私自身もとても参考になり、さっそく次回のアドバイスから取り入れようと思いました。

良いアイデアこそ戦略性が必要

アイデアや企画を抱えているけれど、それをどのように売り出していったらいいのか、そもそも、商品化したとして売れるのか？　といったことで相談にみえる方もいます。たとえば、第3章の金沢豆腐店さんは、「地元にしかない味付けがんもを特産品として売り出す」というアイデアをすでにお持ちでした。

たしかに素晴らしいアイデアだと思いましたが、それだけではインパクトに欠けるのではないか、一時的な話題で終わってしまうのではないか、といったことも考えられました。そこでまず、ターゲットとコンセプトを明確にしたわけですが、多くの場合、良いアイデアであればあるほど、ついそれだけで走ってしまいがちになります。

しかし、むしろ良いアイデアだからこそ、最大限の成果を得るために、戦略性を持って進めなければならないのです。

商品やサービスは、仕掛け方ひとつで売れるようにも売れないようにもなります。もともと売れるモノであれば売れ方が全然違ってくるし、売れないモノでも売れるようになることもあります。

良いアイデアであるにもかかわらず売れないというのは、表面的なところにばかり目が向いてしまっていて、本質的な部分を重視していないことが原因であることがとても多いのです。

ターゲットを絞ることやコンセプトを明確にすること、裏付けを取ること、その結果、どのような方向性で商品やサービスを開発し、ＰＲしていくべきか。本当はそうした骨組み・土台とも言える潜在的な部分のブラッシュアップにより、戦略と戦術を実行していくことが重要なのです。

大企業はそれがわかっているので、マーケティング戦略等に膨大な費用をつぎ込んでいるわけです。

ところがなぜか、中小企業、小規模事業者になるとその部分を重視しようとする動きがとたんに弱くなってしまいます。

そこまで手が回らないということなのかもしれませんが、もし、アイデアやひらめきを実行に移す際は、それを最大限に活かす発想と努力を惜しんではいけません。

column

トイレットペーパーが30万部超えのベストセラーに!?

トイレットペーパーの生産量日本一の静岡県富士市において、「林製紙株式会社」さんでは、ユニークなイラストや文字が印刷された〝おもしろトイレットペーパー〟をいち早く売り出すなど、個性を活かした経営を続けています。

同社社長の林浩之さんは、ある夜たまたま家族でホラー映画『リング』を観ていて、このような怖い話をトイレットペーパーに印字して商品化したらどうだろうかとひらめきました。すぐに、原作者である鈴木光司さんにメールで打診したところ、静岡県の出身でもあったことからあっさりと書き下ろし（新作）のＯＫがもらえ、逆に慌ててｆ-Ｂｉｚへ相談に来られたのでした。

１個２００円程での販売になり、これでは通常の商品の10倍もするため果たして売れるのだろうかと林社長は懸念していました。しかし、世界中でトイレットペーパーにホラー小説を刷り込んでいるものはなかったことから、私は「絶対に売れますよ！」と、断言しました。ただし、オンリーワンの商品ではあったとしても、消費者というのは明確な理由がないとモノを買いません。たまたま興味本位で買う人はいるかもしれませんが、話題性だけでは思ったほどは売れないだろうし、その後も続かないものです。

そうはならないよう、商品コンセプトを明確にする必要がありました。そこで私どもから提案したのが、「ホラーファン待望の究極に怖いトイレットペーパー」というコンセプトでした。必然的に、ホラーファンがターゲットということになります。

販売に向け、「日本一怖いトイレットペーパー」というキャッチコピーも決まりましたが、中小企業では広告宣伝費をあまりかけることができません。

そこで、同社と一緒に考えながらニュースリリースを作成して全国に配信しました。というのも、この価格では、通常のトイレットペーパーのルートで売れる可能性が低いと考えたからです。しかも、外観こそトイレットペーパーではありますが、まったく一線を画す商品でもあるため、どこで売れるのか、どこのバイヤーさんが買ってくれるのかがわかりません。そこで発売前にパブリシティで送り込めば、この商品を売りたいというところが手を挙げてくれると考えたわけです。

私どもが想定していたのは、東急ハンズやロフトなどのバラエティショップでしたが、実際に手を挙げてきたのは書店でした。TSUTAYAでは、新刊ベストセラー本さながらに店頭にピラミッド状に積み上げてPRしてくれました。すぐに出版取次会社最大手の日販、トーハンとの取引も決まりました。

つまりこの商品は、トイレットペーパーの形をした「書籍」だったのです。

また、ニュースリリースによって、国内のみならず、アメリカの「ABC」テレビ、イギリスの『The Daily Telegraph』紙等々、名だたる海外メディアにも取り上げられ、海外からも注文が入りました。こうして、〝日本一怖いトイレットペーパー〟『ドロップ』は販売からたった1ヵ月で10万個（部）の大ベストセラーになりました。すぐに『ドロップ2』、翌年には『ドロップ3』が発売され、販売累計数は30万個（部）を超えました。

そうすると今度は、これらを翻訳して海外向けに販売してはどうかという話が持ち上がりました。さすがに海外となると、販路の問題もあってかなりハードルは高くなります。

このときは苦肉の策で、「この商品は〝クールジャパン〟である」という位置づけにして、鈴木光司さんと林社長が経済産業大臣にその商品の説明に行くというパフォーマンスを行いました。これをメディアが取り上げたことで話題となり、予定していた1万個（部）は間もなく完売しました。林社長によれば「なぜか、イギリスでよく売れた」そうです。

こうしてついに『ドロップ』は、「世界一怖いトイレットペーパー」になったのでした。

おそらく、リリースを流さなかったとしても、このトイレットペーパーはヒットしていたはずです。しかし、このように瞬間的に流れができて爆発的に売れるのではなく、じわりじわりとゆるやかな売れ方だったのではないかと思います。

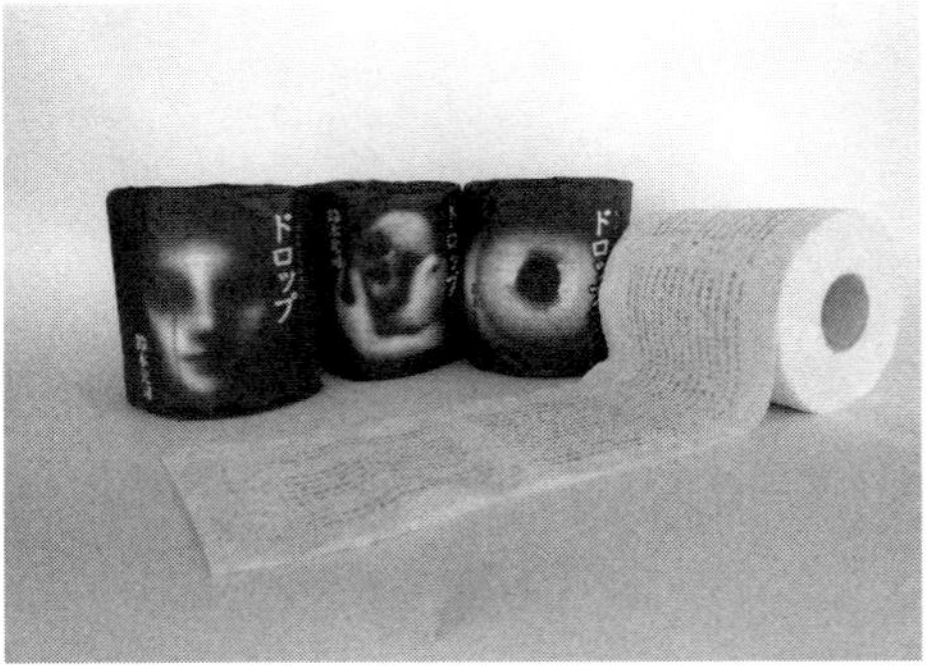

林製紙株式会社

代表取締役社長　林浩之
事業内容　紙・紙製品の企画・製造・加工並びに販売ほか
所在地　静岡県富士市比奈６２６

第5章

ひらめきを生む トレーニング法

磨くべきは技術力よりビジネスセンス

資格や経験がなければ従事できない仕事もありますが、事業を軌道にのせて順風満帆な経営を続けていくためには、それらを絶対視する必要はありません。なぜなら、本当に大切なのは「ビジネスセンス」だからです。少なくとも私はそう確信しています。

昔から商売繁盛には「目が利く」ことが大切だと言われています。いわゆるビジネスセンスのことですが、近年は、金融庁も銀行の健全経営策としてこの重要性を盛んに説いています。

しかし、その定義や手法等が明確にはなされておらず、単にチェックシート式の診断に終始しているのが現状で、これでは提供するサービスや技術の高さはわかったとしても、実際の収益アップにはつながらないし、現実問題としてつながっていません。

世の中には、１００％の技術のモノやサービスでも売れていないモノはたくさんあります。逆に、60％の技術のモノでもヒット商品はたくさんあります。

大切なのは、その商品やサービスを魅力あるものにすることです。この発想なしに技術力やサービス力だけをいくら磨いたところで、どんなに努力したところで、残念ながら売上アップにはつながりません。

こうしたシンプルな発想ができるかどうか、要は、業界のセオリーにとらわれず、物事や事象の本質を見抜き、具体的行動に活かしていく柔軟性こそ、ビジネスセンスの高さだと言えるでしょう。

MBAや資格は取らなくてもいい

f-Bizにおける数々の成功は、「小出さんだからできたのだ」と言われることがあります。果たしてそうでしょうか？

そんなことはありません。私が教えたことは、極めてシンプルで、当たり前のことばかりです。f-Bizに学んだ弟子たちが全国各地にちらばり、各地で成功を収めています。

f-Bizはじめ、各地ビズでは、多種多様な業界から寄せられる相談に応じ、成果を出していかなければなりません。

時には、倒産の危機に瀕した企業が助けを求めて駈け込んで来ることもあります。そのため、とても高度なコンサルティング力が必要になります。

こうしたことをふまえ、支援担当者に求められる資質は何かと考えた場合、私はそれを「ビジネスセンス」だと思っています。相談者が抱える問題の本質的な部分に気付き、ひらめきや知恵を発揮してそれらを解決し、成果に結びつける能力とも言えるでしょう。

企業支援担当者は、この能力が高い人であることが必要なのです。そのため、新規オープン予定の「ご当地ビズ」のセンター長を採用する際は、どれだけ高いビジネスセンスを持っているのかをしっかり見極めなければなりません。

従来、公的企業支援機関では広報等で募集をかけることが多いのですが、私どもは民間の転職サイト等を利用して人材募集を行ないます。ビジネスの最前線にいる人の中にこそ適性を持った人がいると予想できるからです。

募集を行なうと、少ない所でも150人くらい集まります。人口2万5000人強の島、長崎県壱岐市での募集には391人もの応募があったのですが、6割が首都圏からで、そのうち上場企業の役職者は約100人いました。

そうするとやはり、MBAや中小企業診断士といった資格をはじめ、TOEICでハイスコアを持つ方々も数多くいます。一応目は通しますが、とくにそこは重視しません。大切なのは、この仕事に就いて何をやりたいのかということ、そして、高いビジネスセンスがあるかどうかです。

それを測る方法として行っているのは次のことです。

エントリーシートに企業が今困っている相談案件を示し、それに対するアドバイスを考えて記入してもらいます。他に、f-Bizモデルであることを前提にした町づくりを問う設問もあります。その書類選考で5人程度に絞り込み、最終審査を行います。

私と「OKa-Biz／岡崎ビジネスサポートセンター」（愛知県岡崎市）の秋元祥治センター長、そして地元の経営者の方々が面接にあたるのですが、実戦さながら、経営者の方々からリアルな質問がどんどん飛び交います。

これをもとに、地元経営者の方々がいったい誰に相談したいかを、私どもの見解ともすり合わせて最後に一人選出します。

こうして選ばれたセンター長候補は、もともとビジネスセンスの高い人材ですが、さらにその後、約3ヵ月間、f-BizにおいてOJT（職場内教育）を行います。

過去に出版した金融機関向けのマニュアル本をテキストにしていますが、病院の研修医と同じで、実際の案件を見て聞いて、時には参加してもらいながら学んでいきます。

このようにして、よりビジネスセンスに磨きをかけたうえで赴任地へ向かいます。

今、全国各地に「ご当地ビズ」が波及しているのは、各地のセンター長をはじめ、スタッフの皆さんの知恵を絞った支援が成果を挙げ続けているからだと言えます。資格が不要とは言いませんが、本当に必要なのは目に見えないビジネスセンスなのです。

ということで、次から、具体的なビジネスセンスの磨き方を紹介していきたいと思います。

テレビCMやコンビニの棚を見て考える習慣をつける

ビジネスセンスが高いと感じる人には、「情報に対するアンテナや感度が高く、圧倒的な情報量を持っている」という共通点があります。

おそらく、ひらめきや知恵の源泉となるものが情報の中にあるからでしょう。換言すれば、あらゆる情報の中からビジネス上で成果を得られるヒントを探り、問題解決に至らせる力がビジネスセンスだと考えられます。

ネットで世界中の情報を知ることができる今、身の回りは情報で溢れかえっています。単に情報を集めるだけなら誰にでもできます。重要なのは、その中からどうやって価値ある「種」を見つけ、生きた知恵に変えていけるかです。

まずは探し方ですが、これはヒット商品や巷で話題になっている事柄からたどっていきます。

大ヒット商品や記録的動員数の映画等々、そういった成功事例の裏側にはかならず「売れる理由」があります。なぜこれがヒットしたのか、ブレイクしているのか、その理由の中には新たなビジネスや新商品開発につながるヒントが隠されているわけです。

ほとんどの人が見飛ばすテレビCMも、しっかりチェックしましょう。そこからトレンドの流れを読み取ったり、新商品開発の意図や考え方、ターゲットの絞り方を考えるなど、学べることが多いのです。それが問題解決のヒントとしてひらめいたとき、新たな価値に転換されるわけです。

コンビニは手軽で便利に買い物ができる場であるとともに、日本のマーケットを制する場、新商品をヒット商品にしてしまう研究の場として捉えることができます。そのため、私もコンビニへは足しげく通い、新商品や品ぞろえをチェックしています。

また、情報を知恵に変えるために、「情報収集」→「調査・分析」→「知識」→「知恵（イノベーション）」という思考サイクルを習慣づけています。

新商品で「何これ？」というものを見つけたら、帰宅後にサイトで調べています（もちろん、スマホですぐに調べてもかまいません）。

調べる前には、その商品がどれだけ売れるかまで考え、動向をシミュレーションしたりもします。「自分なら買うか？」、買わないとしたら「誰が買うのか？」、そう思い巡らせてみたうえで、その商品を発売している企業のサイトを閲覧して自分の予測の答え合わせをするのです。

企業のサイトには「ニュースリリース」として、その商品がどういうきっかけで生まれたのか、何を目的としているのか、どのくらい売りたいのか等々、商品についての背景が公表されているページがあります。

それを閲覧して自分が立てた予測の答え合わせをするとともに、その後の経過を見ていきます。その商品やサービスが売れたとすれば、そのコンセプトがイコール「ヒット商品の法則」ということになるからです。これが「生きた知識」になります。

生きた知識は書物を読んで覚えた知識とは大きく違っています。なぜかというと、自らシミュレートしているからです。そして、生きた知識の集積から「知恵」が生まれるのです。このようにしてつかんだ知恵が、やがてイノベーションを起こすわけです。

机上でマーケティングの手法を学ぶことも大切ですが、多様化した現代にあっては、消費トレンドを正確に把握するのはとても困難なことに違いありません。

日常の中でこういった目線を持ち、自主的にトレーニングを行うことは、実践的なビジネスセンスの高さにつながっていきます。

余談ですが、じつは私は、マーケティグやブランディングをはじめとしたビジネス書の類はほとんど読んだことがありません。常に自分で考えて実行してきたわけですが、このことは良い意味で、常識という型にハマらない自由な発想につながっていると言えるかもしれません。

たとえば、企業で商品開発や新規事業を行うにあたっては、事業計画書をしっかり作り込むことが重要だと言われています。しかし、現実には、大企業が非の打ちどころのない事業計画書を作って、膨大な人員とお金をかけて新商品開発をしても、空振りをしてしまうことも多々あります。

消費者ニーズをつかむというのはそれだけ難しいということです。結局、やってみないことには何事もわからないのです。

新聞記事データベース活用法

情報収集とリサーチについては、第2章でも紹介したデータベース「日経テレコン21」をよく活用しています。

前述のとおり、ここにあるデータは個人で発信する情報とは違い、すべて第三者である記者が取材を通して書いているものなので客観性があります。そのため、調べたい分野について追っていくと、市場性、競合状態、トレンドが上手く把握できます。

裏付けを取るために活用するにとどまらず、新たな情報収集をはじめ、日常において見聞きした「おや?」と思った情報について調べることもでき、大変役立ちます。

ただ、有料サービスということもあり、使用している人はさほど多くないようです。そもそも、これを使うとどういうことができるか、どうなるか、という本質的な利用価値が知られていないように見受けられます。

しかし、多くの人に利用されていないということは、逆に使っている人間にはアドバンテージになります。

f-Bizは富士市立中央図書館内の一角に入居しているのですが、図書館内にこのデータベースが設置されています。利用料は無料です。

主だった図書館にはたいがい置かれていて、誰もが気軽に利用することができるはずです。これから起業を考えている方なども、活用してみてはいかがでしょうか。

とことんミーハーになる

ビジネスの種となる情報はどこにでもあります。

先に、コンビニは研究の場だと言いましたが、ドラッグストアやスーパーにもたくさんのヒントが並んでいます。

たとえば、最近ではヨーグルト市場が盛り上がっているように感じられます。機能性を強調したり、製法にこだわったり、味にオリジナリティを出したりなど、ここ数年で新商品が続々と登場しています。

f-Bizのそばにあるスーパーへ行った際、試しに冷蔵ケースのヨーグルト商品を数えてみたところ、なんと130種類もあることがわかりました。

『日本経済新聞』によれば、2017年度の国内ヨーグルト市場（見込み）は前年比2・6％増の約4990億円。さまざまな健康面の効果を強調したヨーグルトが消費者の大きな支持を得ているとのことで、健康志向の高い人をターゲットとした戦略が市場のトレンドということがわかります。

コンビニで缶コーヒーが何種類あるかを数えたこともあります。3年くらい前のことですが、当時は1店舗の中に30種類、多い所だと33種類ありました。最近は、コンビニがカップコーヒーの提供を始めたこととの影響を受け、種類は減っていると思いますが、缶コーヒーはやはり人気です。

「今、何が一番売れていますか?」と、店員さんに直接聞くこともあります。通常、そのような質問をしようとは思わないかもしれませんが、私はコンビニを流行りものの集大成の場所だと思っているので、当たり前のように聞いてしまいます。店員さんも普通に答えてくれます。

ドラッグストアも良い勉強になります。ここ数年で柔軟剤の種類が急増しましたが、最近は加齢臭対策をうたったものが多く見られます。世の中が臭いに対して敏感になっているのですね。

入浴剤の種類も急増しています。柔軟剤にしても入浴剤にしても、共通して言えるのは価格の高いものが売れているということです。それらは標準価格帯のものにはない機能性が備わっているわけですが、そこから見えてくるのは、そうした点を支持する層がいて購入しているという紛れもない事実です。

これらは雑学ではなく、生きたマーケティングに違いありません。

こうして私は日常の中で意識してアンテナを張りめぐらせています。ご紹介したように、誰もが今すぐにできるとてもシンプルなことばかりです。

最近は、スマホ決済を中心としたキャッシュレス化がどんどん進んでいます。

せいぜいクレジットカードしか利用していなかった私も、「nanaco」だの「WAON」だの、片っ端から慌ててスマホにアプリを入れ、慣れないながらも利用しています。ミーハーなまでにこうして多種多様な情報を取り入れようとするのはなぜかと言えば、先にも述べたように、流行には法則性・パターンがあると考えられるからです。

自分の業界や業種の枠にとどまることなく、広く世間のトレンドを追い、検証してみるという思考パターンを身につけることは、ビジネスをしている人にとってはとても有効なことです。

言い換えれば、流行とは、万人に共通する目線であり思考性であり、行動パターンだと考えることができます。ビジネストレンドを捉えていない限り、あるいは消費者ニーズを捉えていない限り、パフォーマンスは上がりません。しかもトレンドはとてつもない勢いで流動しているので、それにのっとったカタチで対応していかなければ致命的なことにもなりかねません。

２０１８年初め、ある地方金融機関のトップと、仮想通貨の銀行への影響について話す機会がありました。その方は最後に、「小出さん、大丈夫ですよ。日本人は現金主義ですから」と、笑いながらおっしゃっていました。

メガバンクでさえ大きな危機感を募らせている昨今、もはやかける言葉も見つからなかったことは言うまでもありません。

失敗例より成功例の情報を集める

全国どの町に行っても、小売業の方々から、「経営が厳しい」「ものが売れない」という声が聞かれます。そうしたときに、地方でもうまくいっている小売業者の事例として、第1章で紹介した「でんかのヤマグチ」の成功パターンを引き合いに出すのですが、じつはこれは、もう20年程前からあるかなり有名な話だったりします。

ところが、知っている人があまりいません。同じ電器屋さんでも知らない人のほうが多いので驚かされてしまいます。

大企業の場合、他社から新製品やヒット商品が出ると、すぐにそれを購入し、バラバラに分解して研究したうえで、さらに良いものを生み出すなど、そうしたヒットの研究にとてつもない力を注いでいます。

ところが、中小企業、小規模事業者では、それが途端に弱まってしまうのです。余裕がないからというより、単に関心を寄せていないように感じられます。逆に、やってはいけないＮＧパターンや失敗例については、講演会等に行くとどの地域からもよく質問されます。

転ばぬ先の杖も大切かもしれませんが、成功パターンに目を向け、それを参考にしていくべきでしょう。上手くいっている、売れている、ヒットしているということは、ひとつの法則性と言えます。モノが違っていても本質的な法則性は変わらないからです。

この部分についてもっと研究していったほうが効率的だと思うのですが、関心がどうも薄いように見受けられ、もったいないことだと感じています。

ですから私は常に、ｆ‐Ｂｉｚスタッフや各地のご当地ビズセンター長、研修生に対し、「ヒットしているモノに対してミーハーであれ」と呼びかけています。

これは、企業支援を担う私どものみならず、電器屋さんであろうと、豆腐屋さんであろうと、洋品店であろうと同様です。メディアでヒットしていることが報じられている商品・サービスについては、業界の枠を越え、すべてを参考にすることが大切です。

ただし、それをそのまま真似してみるということではありません。２匹目のドジョウはもしかしたらいるかもしれませんが、それ以上はいません。そうした表面的な部分をなぞるのではなく、ヒットしているものにはヒットしている理由があるわけですから、その理由を探ってなぞるのです。

つまり、本質を見極めて自分の商品・サービスに活かすということです。

私は、多種多様な業種のたくさんの成功事例からその本質をつかみ、それをパターン化したものを頭の中に入れてやっていくというのが自分の仕事だと思っています。

一見、私どもが考え、行っていることは、とてもオリジナリティにあふれ、あるいは、すごいひらめきでやっているように思えるかもしれません。しかしじつは、こうしたヒット商品の事例がいくつも頭の中に叩きこまれていて、それを自由自在に活かしているに過ぎません。

そして、これこそがビジネスセンスだと私自身は理解しています。

たしかに世の中には、天性のひらめきが本当に素晴らしい人、天才はいるのかもしれません。しかし、私どもが重視しているのは、いかにたくさんの情報、つまり、ビジネス上のさまざまなヒット事例や脚光を浴びた話題が頭の中に詰め込まれていて、それをフレキシブルに引き出し、活用できるかという点です。

色々なことに対して関心を持って日常を送ることがいかに大切か、この仕事をしているとあらためて強く感じさせられます。

スーパーのチラシや通販カタログから流行を読み解く

私は新聞の折り込みチラシにも時おり目を通しています。とくに、スーパーやドラッグストアの特売情報は意識して定期的にチェックしています。

今何が売れ筋なのかがわかるし、とくに特売品や目玉商品というのは消費者が買いたいものに違いないため、主婦の目線がどのようなものに集まるのかもわかります。

チラシにはたまに、各地から取り寄せた名物駅弁販売のお知らせが載っています。これには、以前、百貨店が全国の名物駅弁を集めた物産展を開催してブレイクしたことで、商業施設を持つ主要駅や催事場でも開催されるようになり、今ではスーパーでも催されるようになったという経緯があります。

そうすると、これは駅弁販売という「人気コンテンツ」なのだ、と捉えることもできるし、こうしたスーパーでの成功をほかのビジネスに活かすことはできないだろうか等々、情報を深掘りしていくことができます。

通販カタログのチェックも同様で、たとえば、出張で飛行機に乗った際は必ず『JAL

SHOP』と『ANA SKY SHOP』に目を通します。

これらは、裏表紙に決まって海外の一流ブランドの広告が掲載されています。そこから推測できるのは、このカタログに掲載されている商品を購入する人とは、あきらかに富裕層だということです。

その視点を持ってカタログをチェックしてみると、そうした人たちがどのような商品に興味を持っているのかが浮かんできます。

すべてが高級ブランドかと思いきや、時おりノーブランドのものも掲載されています。無名であっても、「これは売れる」と通販のバイヤーが見込んだ商品だと考えられます。

女性なら、フランスのスキンケアブランド「ロクシタン」のセット商品に目がとまったことがあるという方も多いのではないでしょうか。私も同様でした。

ただ、私が最初に見た当時は、ロクシタンは日本ではまだ出店が限られていて無名に近いブランドでした。洗練されたパッケージがとても印象的で、女性に好まれそうだと思っていたら、それから間もなくして百貨店にコーナーができ、駅ビルの目立つ場所に出店するようになっていきました。

つまり、日本進出の足掛かりとしてロクシタンは、高級志向・富裕層の目に触れる『J

ＡＬ ＳＨＯＰ』と『ＡＮＡ ＳＫＹ ＳＨＯＰ』をＰＲ媒体のひとつに選んだと推測できます。

このように、チラシやカタログからでも、じつにさまざまな情報をつかむことができるものです。

時には9980円の弁当も食べてみる

仕事柄移動が多いのですが、電車の待ち時間の合間に、駅構内のお店や近くのデパートもチェックしています。

以前、講演会で秋田県に出張に行ったときは、駅に隣接したホテル内のショッピングセンターにじつにレトロなお菓子が売られていて、それをお土産として購入して帰りました。ほかにも商品はたくさんありましたが、消費者目線で見たときにやはりそれが良いと思ったのです。つまり、今はこういう極端にレトロなことをやると売れる時代なのだろうということがそこからわかるわけです。

また、東京駅構内にあるエキュート、グランスタは、期間限定で、各地のお店がゲストで招かれていたりします。今はどのようなお店が出ているのか？　どのような商品が販売されているのか？　人気商品のようだが本当に売れているのか？　そういう目線で見ています。

東京駅に隣接する大丸百貨店にも行きますが、うっかりしていると新幹線に乗り遅れてしまうため、ここでは食品限定ということにし、弁当などをチェックしています。

ちなみに、大丸百貨店で一番高い弁当は何かご存じですか？

私がチェックしたところでは、「ミート矢澤」の「極味《きわみ》弁当」9980円です。サーロインステーキ、シャトーブリアンステーキ、黒毛和牛ハンバーグにサラダがついた弁当です。私も一度購入し、帰りの新幹線の中で食べて帰ってきたことがあります。

行列ができる人気店の弁当ということだけあってやはり美味しかったのですが、ボリュームが多く、一人では食べきれない量でした。これはシェアして食べるものだと思いました。

だとしたら売れる理由もわかるな、とか、ウケ狙いだなとか、そうした思いを巡らせたわけです。これもやはり、実際に食べてみなければわからないことです。

このような極端に突き抜けている商品を見たときには、実際に買って試してみることがよくあります。

ところで、羽田空港で一番売れている弁当の種類が何かご存じでしょうか？

これも私が、空港内を端から端まで歩いてチェックした結果ですが、「カツサンド」でした。販売元はそれぞれ違っていますが、空弁の王者はカツサンドです。カツサンドは私が確認しただけで7種類も販売されていました。

このことから、それだけカツサンドを買い求める人が多いのだろうということが推測できますが、では、なぜカツサンドなのでしょう？

カットしてあり食べやすいこと、におわないこと、腹持ちがいいことなどが考えられます。やはりミックスサンドではダメなのです。

いつか羽田空港に行かれることがあったらチェックしてみるとわかると思いますが、レストランのメニューで一番多いのはカツカレーです。どのお店でもカツカレーが提供されていて、ラーメン屋さんにまであります。

それだけオーダーする人が多いということです。短い待ち時間の中でボリューム感のあるものを食べたいとなると、やはりカツカレーであり、ビーフカレーではダメなのです。

気になった商品を買って推測してみたりするこうしたやり方は、まさに生きたマーケティングです。

ふだんからこのような目線を持ち、自主的にアンテナを張りめぐらせてみることは、どのような仕事をしている人にとっても、実践的なビジネスセンスの高さにつながっていきます。

この時に大切なのは、勉強やトレーニングと捉えてわざわざやるのではなく、日常の一コマとして、興味を持って楽しくやってみるというスタンスです。

トレンド誌や新聞も大きなヒントに

今何が売れているか、流行しているかというのは、企業支援には欠かせない情報です。そのために、雑誌や新聞から得ている情報は数知れません。

ここ数年でとくに印象に残っている案件をあげるなら、江崎グリコの高級スティックスイーツ「バトンドール」です。商品名と同じ店名で、一部の百貨店にのみ出店しています。

1箱458円（発売当初）というかなり高めの商品ながら大ヒットしているという記事を読んで衝撃を受けました。「高級スティックスイーツ」だそうですが、私には「大人のポッキー」にしか見えません。

お土産やプレゼント用ということにしても、いったいどういうものなのか？　大阪出張の際、興味津々で店舗へ行ってみたところ、まずは行列に15分並ばされました。

その間、お客さんの買い方も見ていたのですが、お土産ものとして購入していくので、1個だけ買うというケースは見られず、だいたい一人で3000円程買い求めていました。

この商品は百貨店側からグリコに持ちかけた企画だったようです。なるほど、このようにすれば、子供のお小遣いでも買えるポッキーの何倍もの売上を得られるようになるのだと納得できました。

こうしたことを講演会等で話すと、ふだんどのようなメディアにふれているのかをよく聞かれます。主なものを紹介したいと思います。

まず、銀行員時代から今も読み続けているのが『日経トレンディ』です。その名のとおり、流行を知る手がかりとして大変役立ちます。新聞は『日本経済新聞』と『日経MJ』です。

ただ、これらを隅から隅まで読むことは現実的に厳しいことだと思います。では、限られた時間の中で何を読んでいるのかというと、私の場合の判断基準は、「面白いかどうか」ということと、「トレンド」に関する情報かどうかということです。

勉強だと思って読もうとすると苦痛になりますが、面白いと思って読んでいる分には趣味の世界です。そういったことからも興味深く読んでいるのは、『日経MJ』です。

最近はとくに独特な記事が掲載されていてユニークです。たとえば、以前、マヨラーが脚光をあびていましたが、近ごろのマヨラーはさらに進化をとげ、マヨネーズをヘアトリートメントにしているということが書かれていたりと、本当に仰天させられます。

新世代マヨラーが今トレンドだというふうに書かれていましたが、ここまで極端なことを書くというのは、トレンドを作ろうとしてこの誌面を書いているようにも感じられます。つまり、この新聞が引き金となってトレンドができているのではないかということです。

もちろん、日経らしく詳細な市場の分析記事等も掲載されています。

マヨラーのような面白記事の他に私が必ずチェックするのは、新商品を紹介するコーナーです。これこそが最先端です。その中で注目するのが一番ユニークな商品です。たとえば、今手元にあるものでいえば、〝犬用のワンダフルな礼服〟という記事。ペットビジネスの人たちにアドバイスできるかもしれないなということで頭の中に入れておきます。『日経MJ』はとにかく、紹介する商品のユニークさとスピード感が秀逸であり、トレンドを生んでいると考えられる点から、欠かさず目をとおすようにしています。

チャレンジすることでモチベーションを上げる

どのような仕事においても、モチベーションを高くもって取り組んでいくことは大切なことです。

私も常に高いモチベーションでいることを心がけています。そのために行っているのが「チャレンジ」です。というのも、この仕事は一歩間違うとマンネリに陥ってしまう可能性があるからです。そうはならないように、組織としても自分自身としても常に新しいことにチャレンジしています。

企業支援の仕事を始めてから18年がたちましたが、3年前より今のアドバイス力が上がっている自信があります。5年前にはわからなかったことが、今はわかるというものもたくさんあります。10年前の自分を振り返ってみると、恥ずかしくなるほど低いレベルだったと感じます。

カズ選手が何歳になってもサッカーが上手くなると言っていますが、それと同じことではないかと思います。私自身、バージョンアップしていくというようなワクワクとした感覚があります。

ただし、「チャレンジ」とは言っても、大きな壁を突破していくというような厳しいイメージのものではありません。そもそも、モチベーションを高めるためのものですから、面白いと感じるものに対し、優先順位の高いものから取り組んでいます。

たとえば、今「事業承継問題」に関する取り組みが、官民ともに盛んに行われています。じつは、この問題は20年前からすでにありました。今になりクローズアップされ、いろいろなセミナーや講演会が開催されているわけですが、その解決の糸口はどれも似通っていて、M&Aが有効だと説かれています。

たしかにそれもひとつですが、日々中小企業の相談にあたっている私どもからすれば、それには多額の費用がかかってしまうため、現実的には厳しいように感じられます。

そこでひらめいたのが、地元に残って、あるいは戻って来て親の会社や仕事を引き継いだ二代目、三代目の本音が聞き出せたら、事業承継問題解決のヒントになるのではないかということでした。

すぐに地元の異業種交流会と連携して、事業承継セミナーを開催しました。こうしたことを日頃から考えて仕事をしているので常にモチベーションが高いわけです。モチベーションが高いことでやるべきこと、つまり、アイデアも見えてきます。

これは、どの仕事をしていても共通していることだと言えます。たとえば、外科医であれば、もっといい執刀方法はないかと考え、チャレンジしている方もいます。

私の知るドクターは、従来のやり方による人工股関節の手術だと関節が外れやすいというデメリットがあったことから、どのようにしたら患者さんがラクになるのかを考え、ドイツやフランスでも研鑽《けんさん》を積み、新たな執刀法を確立してしまいました。要は考え方の問題だと思います。

中小企業の経営者の中には、業績不振を嘆いてとてもネガティブになってしまっている方がたくさんいます。そのような方こそ、前を向いて新しいことにチャレンジし続けていくことが必要です。それこそがモチベーションの種となることだからです。

チャレンジしたいと思いながら、「そんなことはできない」「上手くいくわけがない」

「やったところでムリ」「打つ手はすべて打った」などと考えている方も多いかもしれません。

銀行員時代の私もそうでした。「そもそもできないことをやらされているのだから、ムリだろ」などと言いながら仕事をしていました。

それが一転、「ＳＯＨＯしずおか」に出向し、経験もマニュアルも目標設定も何もないところからやらざるを得なくなり、試行錯誤を重ねてきた結果、いつの間にか流れができてきて、気が付けば今こうして「チャレンジしよう！」と熱く説いているわけです。

できないと思ってしまうとそこで思考もストップしてしまいます。それを回避するためには、最初から「できないことなんてない」という発想でいればいいのです。つまり、前提を「できる」と書き換えてしまうのです。

これはどの業種であったとしても、経営者であっても従業員であっても、同じことが言えると思います。

少なくとも、かつて、「そもそもできないことをやらされているのだから、ムリだろ」と嘆いていた自分に、「いや、できるよそれ」と、今なら自信を持って言えます。なぜこのことに気が付かなかったのか、今では不思議ですらあります。

結果が出ないことを失敗ではなくプロセスと捉える

チャレンジすると、最初から上手くいくこともあればそうでないこともあります。私どもにおいてもそれは同じで、しっかり裏付けをとって最善を尽くした結果、最初から上手くいったものもありますが、外れたものも山ほどあります。

一見、やることなすこと百発百中のようなイメージがあるかもしれませんが、そうではありません。常にトライアンドエラーの繰り返しです。ただ、エラーやうまくいかなかったことを失敗だと思ったことはありません。

一方、多くの人たちは、外れたもの、上手くいかなかったことに対し、「失敗」という意識を持ってしまうことから、そこで思考停止状態に陥っているように見受けられます。

もしこれがスポーツ選手なら、試合放棄をしているようなものです。

たしかに私だって、期待してチャレンジしたことが外れたときには残念だし、悔しくなることもあります。

そのようなときは、次の別のチャレンジに意識を向けています。すぐに立ち直るというより、気分転換として次の新しいことをしようという発想です。チャレンジをし続けていると、モチベーションの下がる暇がありません。

たとえば、セミナーを企画したところ、想定していた半分も人が集まらなかったということもあります。拍子抜けしてしまいますが、失敗した企画だとは思いません。単に「人が集まらなかっただけ」だから、次はもっと人が集まるような面白いものをやろうという発想になるわけです。

結果が出なかったことには原因があるわけですから、その点は考えるにしても、ともかく、それを失敗だとは考えないことです。

企業相談の場合も同様で、「上手くいく別のやり方を考えてチャレンジしていきましょう」とアドバイスをして一緒に取り組んでいます。

こうした考えでやっているので、この仕事を辞めたいと思うほどモチベーションが下がったことはありません。

それはまた、チャレンジし続けることの根源にある、自分たちがなすべきこと、つまり「使命」というものを強く感じているからでもあります。いくら負の感情に襲われたとしても、「使命」「ミッション」を噛みしめてみると、落ち込んでいる場合ではないのだと思えるのです。

今のポストは責任重大で、ストレスもたくさんあるわけですが、振り返ってみれば、銀行員として組織の中で働いていたときの方が精神的なストレスは大きかったと思います。

それがなぜかと考えた場合、今は思い切ってチャレンジをしているから、行動しているから、ストレスにならないのだと言えます。

せっかくのひらめきやチャンスがあったにもかかわらず、やらないで終わった場合、「あのときこうしたらできていたかもしれない」と、どうしても後悔が残ってしまいます。だとしたら、やはり思い切って行動すべきです。たとえ良い結果が出なくても、それは失敗ではなく、結果が出なかっただけの話です。次は上手くいくように考えてやっていけばいいのです。

従来の企業支援のやり方は、問題点の分析や指摘をするところから入っていました。そのやり方を否定はしませんが、アドバイスをされる立場からすると、弱点ばかりを指摘されるわけで、どうしてもモチベーションが下がってしまいます。すると、そこで思考が止まってしまいます。

そうではなく、光るところを見つけ、それを本人にも気付いてもらうことが本当は大切なのです。可能性に気付くと進むべき方向も見えてきます。これが成果を生む推進力になります。

ふだんの生活においてもそうした思考パターンでいることが大切です。

仕事だからそうした考えでいこうというのではなく、日常の中でもそのように捉え実践していくことで、結果的に仕事においてもイノベーションが起きるのです。

上手くいかないことがあったからといって、「これが自分の弱点です」とか、「失敗しました」といった墓標を打ち建てる必要はありません。そのようなことに時間を費やしているより、常に次なる新たなチャレンジに向け、考え行動していくことのほうがよほど楽しいはずです。

column

各地でユニークな商品やサービスが続々誕生中

全国に広がっているご当地ビズにおいても、じつに柔軟な発想とアイデアで多くのヒット商品、サービスが提供され続けています。

たとえば、「OKa-Biz」（愛知県岡崎市）では、自動車部品の下請けである樹脂会社からの相談をうけ、プレートに文字を掘る技術の新たな活用法として、防犯名札の開発・販売をサポートしています。

小学校登下校時には多くの生徒が防犯のために「名札を外す」という社会動向に着眼し、「見づらく彫る」ことにコンセプトを転換しました。遠くからは見にくく、近くなら見やすい「お名前かくれんぼ」という名札にして市場に投入したのです。

メディアからも大変注目され、首都圏では卒園記念品として採用したところもあります。

大ヒット商品となり、会社の売上は前年比260％を達成しました。

他にも、花を染色する技術を持った化学薬品の卸売業者からの「生花店への営業の伸び悩み」の相談に対し、ターゲットそのものを変える提案を行って大成功をおさめています。

生花店の花染色用品は、根から水を吸い上げる毛細管現象によって花の色を変える仕組みです。これを「小学生の夏休みの自由研究キット」として捉え直しました。時間や温度を変えて調べてみたりすると、いろいろな実験結果を得ることができます。

ブログやパブリシティ、ネットショップ等を活用して売り出したところ、すぐに話題を呼び、大手出版社から1万セットの大量受注が入り全国発売されました。さらに、東急ハンズ各店、ヨドバシ・ドット・コム等へも販路が拡大しました。

刃物の町として知られる岐阜県関市にある「Ｓｅｋｉ－Ｂｉｚ」では、刃物製造業者から販路拡大の相談を受けました。昨今の歴女ブームや刀剣ブームから日本刀に注目し、名刀マニアに向け「日本刀はさみ」の開発をサポートしました。

オリジナルモデルを小ロットから製造可能にし、すぐに8種類のコラボモデルが実現しました。お土産グッズとして販売され、現在は国立博物館にも販路が拡がっています。

最近では、「ウル得マン包丁」も新たにお目見えしました。これは、以前私が出演していた地元テレビの情報番組で、料理芸人のいけや賢二さんと共演していたことがきっかけで誕生したものです。

プロ並みの料理の腕前を持つお笑い芸人というオンリーワン要素を活かせる一方、刃物の街・関市のPR、活性化にもつながります。そこでいけやさんに関市の包丁大使として活躍してもらうことを提案したところ、日本初の包丁大使が誕生し、いけやさん専用の特製包丁が作られました。「ウル得マン」として全国ネットのテレビ番組出演時に使用していたところ、「あの包丁が欲しい」という声が相次ぎ、一般向けに商品化され発売が決定しました。

こうした、目からウロコの斬新な発想や新商品開発だけが成果を生むわけではありません。「Ｆｕｋｕ‐Ｂｉｚ」（広島県福山市）では、自然食にこだわる惣菜店から「豆腐ドーナツ」の売上増の相談を受けました。同店が童謡『夕日』を作詞した詩人・葛原《くずはら》しげる氏の出身地の近くであることに着目して、商品名を「夕日ドーナツ」とし、発売イベントを葛原しげる氏の生家で開催。これにより新規のお客様が増え、夕日ドーナツそのものも安定的に売れ続けています。

「Iki・BiZ」（長崎県壱岐市）が担当したドーナツ「しもん・デ・リング」のように、ターゲットを明確にし、パッケージと価格を変えただけで売上増につながったシンプルな例もとても多いものです。

ちなみに、こうした成果は常にSNSで紹介されるうえ、メディア記事等で取り上げられることも少なくありません。このような形で「見える化」されることは、ご当地ビズの各メンバー間での成果情報の共有にもなっています。

良い意味でのライバル心も刺激され、切磋琢磨して各々成果を挙げていくという好循環にもつながっています。

また、これら成果により、企業の倒産や解雇を食い止めたりすることはもちろん、地域活性化・地域再生の面においても現実的に波及効果が現れ始めています。

たとえば、2015年に開設された「Ama・biZ」（熊本県天草市）は人口8万3000人程の島にありますが、多くの相談者が来訪し各々が売上増を実現できたことで、18年ぶりに地元の商工会議所の会員数が増加に転じています。

全国ご当地Bizマップ

※2018年度中開設予定

熊本県人吉市

「人吉しごとサポートセンター／ Hit-Biz（ヒットビズ）」

※2018年12月開設予定

山形県山形市

「山形市売上増進支援センター／Y-biz（ワイビズ）」

❶ 富士市産業支援センター「f-Biz」(エフビズ)
静岡県富士市永田北町3-3 富士市立中央図書館分館1階　電話：0545-30-6363

❷ 熱海市チャレンジ応援センター「A-biz」(エービズ)
静岡県熱海市中央町1番1号 熱海市役所第1庁舎3階（月・火・水）
熱海市銀座町6-6 サトウ椿ビル2階naedoco内（木・金）　電話：0557-86-6200

❸ 岡崎ビジネスサポートセンター「OKa-Biz」(オカビズ)
愛知県岡崎市康生通西4-71 岡崎市図書館交流プラザ・りぶら2F　電話：0564-26-2231

❹ 天草市起業創業・中小企業支援センター「Ama-biZ」(アマビズ)
熊本県天草市中央新町3番17号　電話：0969-24-5555

❺ 関市ビジネスサポートセンター「Seki-Biz」(セキビズ)
岐阜県関市若草通2丁目1番地 わかくさ・プラザ学習情報館3階　電話：0575-23-3955

❻ 裾野市中小企業相談事業「Suso-biz」(スソビズ)
静岡県裾野市岩波249-1 裾野市産業連携地域プラットフォーム「いわなみキッチン」内
電話：055-943-7867

❼ 新上五島町産業サポートセンター「Sima-Biz」(シマビズ)
長崎県南松浦郡新上五島町相河郷192-68（青方港ターミナルビル内）　電話：0959-42-5067

❽ 福山ビジネスサポートセンター「Fuku-Biz」(フクビズ)
広島県福山市西町1-1-1 エフピコRiM1階　電話：084-959-5210

❾ 日向市産業支援センター「ひむか-Biz」(ひむかビズ)
宮崎県日向市鶴町2丁目7番13号 日向市ITセンター1階　電話：0982-66-6690

❿ 大東ビジネス創造センター「D-Biz」(ディービズ)
大阪府大東市曙町4-6 大東市立市民会館2階　電話：072-870-9061

⓫ 直鞍ビジネス支援センター「N-biz」(エヌビズ)
福岡県直方市大字植木849-1 ADOX福岡別館　電話：0949-28-7081

⓬ 大村市産業支援センター「O-biz」(オービズ)
長崎県大村市本町458番地2 中心市街地複合ビル1階　電話：0957-47-6377

⓭ 壱岐しごとサポートセンター「Iki-Biz」(イキビズ)
長崎県壱岐市郷ノ浦町東触551-3　電話：0920-40-0223

⓮ 邑南町しごとづくりセンター「おおなんBiz」(おおなんビズ)
島根県邑智郡邑南町下田所282-1（田所公民館内）　電話：0855-83-0320

⓯ 福知山産業支援センター「ドッコイセ！biz」(ドッコイセ！ビズ)
京都府福知山市駅前町400番地 市民交流プラザふくちやま 図書館1階　電話：0773-22-0100

⓰ 木更津市産業・創業支援センター「らづ-Biz」(らづビズ)
千葉県木更津市潮浜1-17-59 木更津商工会館1階　電話：0438-53-7100

⓱ 大垣ビジネスサポートセンター「Gaki-Biz」(ガキビズ)
岐阜県大垣市小野4丁目35番地10 大垣市情報工房2階　電話：0584-78-3988

⓲ 釧路市ビジネスサポートセンター「k-Biz」(ケービズ)
北海道釧路市北大通4丁目1-1 北大通4丁目ビル2F　電話：0154-31-4548

⓳ 巣鴨信用金庫すがも事業創造センター「S-biz」(エスビズ)
東京都豊島区巣鴨2-10-2　電話：03-3918-0196

あとがき　中小企業が元気になれば日本が元気になる

ｆ‐Ｂｉｚの開設にあたり私どもは、「日本一高いチャレンジスピリット」のもと、次のようなミッションを掲げました。

・全国の都市における産業支援施設・産業支援のプロジェクトのロールモデルとなること
・産業支援施設を核とした地域活性化、地域再生の先端を走る「フロントランナー」となること

このことからわかるように、私どもでは、企業支援のみならず、地域の活性化までも視野に入れて活動しています。

本文でも述べたように、日本には大企業が０・３％しか存在せず、それ以外の99・７％、つまり、日本中にある会社のほとんどは中小企業です。ここをきちんとサポートして結果

を出していけば、間違いなく雇用が生まれ、自ずと地域の活性化・再生にもつながると考えています。

これまで、地域活性化策といえば、企業誘致が最優先で考えられてきました。しかし、これには10億円単位の高いコストが必要になります。近年は高度なロボット化が進んでいるため、誘致したとしても大量雇用が生まれる保証がないことも考えられるのですが、依然として多くの自治体が企業誘致に力を入れていることから、誘致合戦ともいうべき過当競争も起きています。

これに対し、たとえば地域全体で１００人の雇用を生むことを目標に掲げたらどうでしょうか。地元の中小企業１００社で、各社1名の雇用を生めるようにすれば、目標は難なくクリアできるはずです。つまり、高いコストをかけて企業誘致を行わなくても、同様の効果が得られるということです。

さらに言えば、地域の中小企業の経営者とは、終生その土地でがんばる人たち、がんばらざるを得ない人たちであることから、「撤退」という発想がありません。

こうしたことから、地元に根差した中小企業の振興こそが、もっとも重要であり、産業振興、ひいては地方創生への近道だと私どもでは考え、活動を続けているわけです。

地域創生や地域活性化というとまた、その土地の特産品等を活かした「町おこし」という発想にもなりがちです。現実的に、「地域環境に応じたサポートが重要」だということが企業支援業界でも常識とされています。

しかし、たまたまその産業に関わっている人であれば恩恵を受けられるかもしれませんが、そうでない人たちにはさほどメリットは感じられないはずです。

求められるのは、山間部であっても漁業の盛んな町であっても、人口50万人の中核都市であっても、2万人の島であっても、どのような地域のどのような産業に従事している人であっても、誰もが恩恵を受けられることです。

そう考えると、全国どのような町にも中小企業はあるわけですから、ここを元気にできれば自ずと地域は活性化するし、日本の再生にもつながると言えます。

私どもではそれを目指し、多くの成功事例を生み出してきました。

そして、地域で小さなイノベーションを多発させることで全体を活性化するというこのやり方が、ｆ-Ｂｉｚのある富士山の麓《ふもと》から全国に波及し、各地でイノベーションの連鎖が起きているわけです。

全国各地で、多様な業種の中小企業、小規模事業者、起業家によるチャレンジが今後どんどん増えてくることでしょう。

たとえ今は可能性が見えていないとしても、チャレンジしようという想いは大切です。そのためのサポートを私どもは惜しみません。


以前、趣味を活かして開業したいという女性から相談を受けたことがあります。それまで続けていた仕事が、転居によってできなくなってしまったという理由でした。

それを受け、私どもはサポートを続けました。しかし、一時的に話題は呼んだものの、なかなか軌道には乗りませんでした。

後に彼女は、「じつは、逃げ道を探していました」と打ち明けてくれました。それまで続けていた仕事に行き詰まりを感じ、趣味を活かして違う道に進もうと、そのときは本気で思っていたそうです。

私にはそれが最初からわかっていました。「逃げ」とは思いませんでしたが、すこし疲れているのだろうと思いました。

本当は、これまでやっていた仕事が好きであるにもかかわらず、疲弊していてそのことがわからなくなっているのだろうということも、本来進むべき方向はそっちだということもわかっていました。ですがご本人が趣味を活かしてやっていくことを望んでいたので、その意向に添って全力を傾けてサポートしました。

上手くいく確率は低いかもしれませんが、ひょっとしたら上手くいくことだってあるかもしれません。何より、チャレンジしなかったら悔いが残ってしまいます。

ですから、本質的な部分では違っているとわかっていても、そのときの本人の意志を尊重して全力でサポートにあたる、それが私どもの流儀なのです。

その後、頃合いを見計らい、彼女の本業の力を必要としている企業へのサポートを打診したところ、ブランクを気にしながらも引き受けてくれました。今では彼女は、新たな試みにも挑戦するなど、本領を発揮して活躍しています。

とにかくやってみることです。とりわけ、イノベーティブな集団のパワーには計り知れないものがあります。中小企業、小規模事業者といった小さな組織こそこうした力を活かしていくべきだし、フレキシブルに動ける分、うまく活かせる環境にあるとも言えます。

そのためには、社員の皆さんの個性を伸ばしていくことが大切になります。オリジナリティに溢れる社員さんがいたら、その芽を摘むことなく大事に育てましょう。

じつは私も、かつて銀行に勤めていた頃はかなり個性的な銀行員でした。なぜか「この仕事はオリジナリティが大切だ」という信念のようなものを入行直後から持っていて、本来であれば必ず受けなければならなかった銀行業界の業務検定試験も一度も受けずにいました。

そのかわり、本当に必要だと思ったことに対しては、外部の通信教育で自主的に学んでいました。

通常このような銀行員はすぐに矯正させられてしまうに違いありません。しかし、静岡銀行のすごいところは、そんな私を26年間も抱え育ててくれたことです。本当に感謝しています。トップをはじめ上司の皆さんに、リスクを許容するという柔軟性があったのだと思います。

サントリー創業者・鳥井信治郎さんの口癖だったという「やってみなはれ」とは、まさにこのことだと言えます。リスクを許容しているわけです。

しかし、何に対しても「やってみなはれ」では会社がひっくり返ってしまいます。許容範囲を越えている話だとしたら、鳥井さんだってそれはやはりダメだとおっしゃっていたことでしょう。

組織内において、素晴らしい提案を持っていても「言ったところでどうせムリ」と思っている人はきっと少なくないはずです。

経営側としては、重箱の隅をつつき回るような考えだけではなく、オリジナリティのあることを受け入れる素地を作っていくことが大切です。

リスクを恐れて責任を取らないという発想ではなく、リスクを測れるマネジメント力をもって対応する。すると、社内の雰囲気も全然変わってくるはずです。

そのためにはやはり、社長自身がロールモデルにならなくてはなりません。社員さんたちにアレコレ言う前に、自分自身が今どうなのかを問うべきであり、社長自身が一番汗をかき、そして一番尊敬される存在であるべきでしょう。

同時に、そういう存在である自分がいかに、会社が目指すべき「理念」や「ミッション」をきちんと皆に伝えきれるかどうかが、経営者としての重要な役割だと言えます。

ここが曖昧なままでは、意見が単なる自己主張になってしまう可能性があります。これでは組織そのものがバラバラになりかねないのです。

「理念」「ミッション」が一人ひとりの中に完全に、頭のてっぺんからつま先まで浸透したうえでの「個性」「オリジナリティ」こそが、それらを貫くイノベーションの礎《いしずえ》になるのです。

企業においても個人においても、「何のためにこの仕事をするのか」という本質部分の確立は欠かせません。

私どももまた、冒頭に掲げたミッションのもと、チームｆ－Ｂｉｚとして、これからも日々ワクワクしながら新たなチャレンジを続けていく所存です。

２０１８年7月吉日

富士山の麓から日本中の〝小さき者〟が光り輝くことを願い

小出宗昭

［著者］
小出宗昭（こいで・むねあき）
1959年生まれ。法政大学経営学部卒業後、（株）静岡銀行に入行。M&A担当などを経て、2001年、創業支援施設SOHOしずおかへ出向、インキュベーションマネージャーに就任。起業家の創出と地域産業活性化に向けた支援活動が高く評価され、Japan Venture Awards 2005（主催：中小企業庁）経済産業大臣表彰を受賞した。08年に静岡銀行を退職し、（株）イドムを創業。富士市産業支援センターf-Biz（エフビズ）の運営を受託、センター長に就任し、現在に至る。静岡県内でも産業構造の違う3都市で計4か所の産業支援施設の開設と運営に携わり、これまでに1400件以上の新規ビジネス立ち上げを支援した。そうした実績と支援ノウハウをベースに運営しているエフビズをモデルに、愛知県岡崎市のOKa-Biz、広島県福山市のFuku-Biz、熊本県天草市のAma-biZなど各地の地方自治体が展開するご当地ビズや、国の産業支援拠点「よろず支援拠点」が開設されている。

御社の「売り」を見つけなさい！

2018年8月22日　第1刷発行

著　者——小出宗昭
発行所——ダイヤモンド社
〒150-8409　東京都渋谷区神宮前6-12-17
http://www.diamond.co.jp/
電話／03･5778･7227（編集）　03･5778･7240（販売）
装丁・本文デザイン——水戸部 功
編集協力——鈴木ゆかり
写真——高木浩司（ぎんえい堂）
校正——鎌田彷月
図版作成——スタンドオフ
製作進行——ダイヤモンド・グラフィック社
印刷——堀内印刷所（本文）・慶昌堂印刷（カバー）
製本——加藤製本
編集担当——亀井史夫

ISBN 978-4-478-10640-2